普通高等职业教育
"十三五"规划教材

网络营销实务
技能教程

卢金燕　仲　蓬　石　晶　主　编

卢　奋　刘　丹　林　洁　唐智鑫
　　　　　　　　　　　　　　　　副主编
陈素敏　白金英　刘　芳　韦亚洲

清华大学出版社
北　京

内容简介

本书由七个项目和一个附录组成,内容包括网络营销岗位认知、网络市场调研专员岗位技能、网络营销搜索引擎优化专员岗位技能、网络广告营销专员岗位技能、网络客服岗位技能、网络推广岗位技能、网店店长岗位技能、网络营销实战案例分析。

本书编写以实现人才培养与企业岗位需求适应对接为宗旨,通过理论介绍、案例分析设计,全面系统地介绍了网络营销相关理论及其实际应用。本书案例来源于网络营销实际,具有很强的实用性、职业性、适应性。

本书既可作为普通高等职业院校电子商务、市场营销、经济贸易、工商管理等相关专业的教材,也可作为企业管理人员、营销人员和电子商务工作者的参考用书。

图书在版编目(CIP)数据

网络营销实务技能教程 / 卢金燕,仲蓬,石晶主编 .--北京:清华大学出版社,2017(2021.12重印)
(普通高等职业教育"十三五"规划教材)
ISBN 978-7-302-46987-2

Ⅰ.①网… Ⅱ.①卢… ②仲… ③石… Ⅲ.①网络营销-高等职业教育-教材 Ⅳ.①F713.36

中国版本图书馆 CIP 数据核字(2017)第 101532 号

责任编辑:刘志彬
封面设计:汉风唐韵
责任校对:宋玉莲
责任印制:丛怀宇

出版发行:清华大学出版社
    网 址:http://www.tup.com.cn,http://www.wqbook.com
    地 址:北京清华大学学研大厦 A 座   邮 编:100084
    社 总 机:010-62770175   邮 购:010-62786544
    投稿与读者服务:010-62776969,c-service@tup.tsinghua.edu.cn
    质量反馈:010-62772015,zhiliang@tup.tsinghua.edu.cn
印 装 者:三河市国英印务有限公司
经 销:全国新华书店
开 本:185mm×260mm   印 张:10.25   字 数:240 千字
版 次:2017 年 6 月第 1 版   印 次:2021 年 12 月第 4 次印刷
定 价:28.00 元

产品编号:074225-01

前　言

随着信息技术的迅速发展，网络成为人们获取信息的重要渠道之一。中小企业需要既有一定网络营销理论基础又有较强网络营销实战能力的技能型人才。本书的编写宗旨就是实现人才培养与企业岗位需求相适应，使毕业生更符合职业岗位发展的需要。

本书以切合职业教育的培养目标、侧重技能、强化实训为指导思想和出发点，在内容编排上采用"任务驱动，项目导向"的模式，以达到"教中做、做中学、学中练"的目的，全面提升学生解决问题的实战能力。基于此，本书在内容设计上采用岗位模式编写思路，针对岗位进行实战教学，主要包括七个项目和一个附录，分别是网络营销岗位认知、网络市场调研专员岗位技能、网络营销搜索引擎优化专员岗位技能、网络广告营销专员岗位技能、网络客服岗位技能、网络推广岗位技能、网店店长岗位技能、网络营销实战案例分析。每个项目开头设置了"知识要点""技能要点"和"引例"，在结尾还设置了相关的"知识拓展""思考练习"和"综合实训"，图文并茂、生动活泼，旨在帮助学生明确学习目标、巩固知识结构。本书吸收了目前网络营销最前沿的知识和技巧，以必备和够用为原则，力求简洁，强调实用。另外，本书案例来源于网络营销实践，具有实用性、职业性、适应性的特点。

本书既可作为普通高等职业院校电子商务、市场营销、经济贸易、工商管理等相关专业的教材，也可作为企业管理人员、营销人员和电子商务工作者的参考用书。

本书在编写的过程中不仅参考了大量相关书籍，还参考了大量的论文专著、网络信息，包括论坛和博客的诸多内容等，在此对所有作者一并致谢！

本书由卢金燕、仲蓬、石晶担任主编，卢奋、刘丹、林洁、唐智鑫、陈素敏、白金英、刘芳、韦亚洲担任副主编，刘浩、张鳃元、姚建明、林庆松、何克奎参与编写。

由于编者水平有限，加之时间仓促，书中难免存在疏漏与不当之处，敬请广大专家和读者批评指正。

编　者
2017 年 3 月

目　录

1 项目一
网络营销岗位认知

知识要点

中国网络营销的发展；网络营销的概念及特点；网络营销工作的特点。

技能要点

网络营销职业；网络营销工作内容；网络营销职业素养。

引例

网络营销的春天

电子商务与互联网产业的迅猛发展，带动了网络营销领域对于那些既熟知电子商务交易流程又深谙经营管理之道的专业人才的需求。

电子商务界流传着这样一句话："错过互联网，就错过一个时代！"而掌握了互联网，就意味着掌握了未来。掌握互联网并具备专业管理知识的复合型人才——网络营销人才异军突起，深受互联网企业追捧。

面对中国这样一个规模空前巨大的网络营销市场，专业网络营销人才炙手可热，网络营销工程师达到年薪 15 万元以上，并且还出现一将难求的状况。亿玛客网络营销学院的报告显示：电子商务行业已经成为高薪行业，从业人员月均收入水平目前已经超过传统行业的整体水平。

网络营销人才严重短缺，已成为各公司竞相争夺的对象。亿玛客网络营销学院通过调查研究得出结论：未来几年针对企业网站的设计开发及运营管理、网络推广、网络广告而言，需要数以百万的网络营销人才。越来越多的电子商务企业、大中型网站，都需要各种专业的网络营销专业人才。

但是电子商务企业面临的现实是，目前从事网络营销的人员大多是对专业市场很有经验，但对网络营销一窍不通的传统营销人员，或是一些以技术为"纲"的网络技术人员"客串"网络营销人员。即使"鼠标＋水泥"符合中国国情，我们也不能忽略互联网企业在实体延伸过程中将要面临的尖锐挑战。具有专业能力的网络营销人才，正是大量开展初级电子商务的企业所梦寐以求的稀缺资源，网络营销人员必将迎来一个"钱景"无限的春天！

（资料来源：百度文库．http：//wenku．com）

分析：对于开展电子商务的企业来讲，引进高层次的网络营销人才，不断加强和完善对网站的经营管理，更有效地应用和开展网络营销显得非常重要。同时，社会对网络营销人才的知识结构和运作能力的要求，必然对网络营销人才的培养方法和网络营销课程的教学提出更高的要求。网络营销除了要熟悉了解传统企业营销活动的手段，还需要掌握网络营销相关的各种技术、原理，如推广的模式及推广的技巧等，网络营销人员需要具备较高的职业素养。

一些互动营销专家认为，网络营销并非就是简单的发帖发新闻，营销人要深刻理解企业的定位及赢利模式，深挖品牌内涵，并借互联网的特性更广泛深入地与目标用户进行互动，从以前传统媒体直接"骚扰用户"的模式变成让用户主动参与并愿意与人分享的模式，这样品牌借助网络营销才能展现更强的生命力。

任务一　网络营销概述

相对于互联网发达国家而言，我国网络营销起步较晚。1997—2000年是我国网络营销的起始阶段，随着电子商务的蓬勃发展，越来越多的企业开始注重网络广告、E-mail营销等多种形式的网络营销方式。2000年至今，我国的网络营销进入应用和发展阶段，网络营销服务市场初步形成。企业网站建设发展迅速，网络营销价值得到提高，专业化程度越来越高；网络广告形式不断创新；搜索引擎营销出现；网络论坛、博客、RSS、聊天工具、网络游戏等网络营销方式不断涌现和发展；网站运营注重用户体验的改善，系统的用户行为研究将越来越受到重视。

一、网络营销的概念及特点

网络营销是以现代营销理论为基础，利用网络对产品的售前、售中、售后各环节进行跟踪服务，是企业以电子信息技术为基础，以计算机网络为媒介和手段进行的各种营销活动，是与市场的变革、市场竞争以及营销观念的转变密切相关的一门新学科。网络营销自始至终贯穿于企业经营的全过程，寻找新客户、服务老客户，最大限度地满足客户需求，以达到开拓市场、增加盈利的目标。网络营销的出现为企业提供了适应全球网络技术发展与信息网络实时变革的新的技术和手段，是现代企业走入21世纪的营销策略。

网络营销推广在近几年快速崛起，它具有独特的、无法取代的特点。

▶ 1. 跨时空性和实时性

互联网可以突破一切区域的限制，只要有网络就可以进行宣传，通过国际互联网络，网络营销可以将广告信息24小时不间断地传播到世界的每一个角落，企业有更多的时间和更大的空间进行营销，抢占市场份额。每一个客户，只要具备上网条件，任何人在任何地点都可以阅读。每一个客户想要了解产品信息，随时、随地都可以进行。这是传统媒体无法达到的。

▶ 2. 交互性和纵深性

交互性是互联网络媒体最大的优势，它不同于传统媒体的信息单向传播，而是信息互动传播。网络营销充分利用互联网可以传输多种媒体信息（如文字、声音、图像等）的特性，使交易信息可以以多种形式存在和交换，充分发挥营销人员的创造性和能动性。

通过链接，用户只需简单地点击鼠标，就可以从厂商的相关站点中得到更多、更详尽的信息。通过网络，企业可以与顾客进行互动双向沟通，收集市场情报，进行产品测试和顾客满意度调查等，密切与客户的关系。基于互联网的网络营销促销是一对一的、理性的、顾客主导的、非强迫的、循序渐进式的，而且是一种低成本和人性化的促销，可以避免推销员强势推销的干扰，并通过信息提供和交互式交谈，与顾客建立长期友好的关系。

▶ 3. 多维性

纸质媒体是二维的，而网络营销则是多维的，它能将文字、图像和声音有机地组合在一起，传递多感官的信息，让顾客如身临其境般感受商品或服务。网络营销的载体基本上是多媒体、超文本格式文件，广告受众可以对其感兴趣的产品信息进行更详细的了解，亲身体验产品、服务与品牌。这种图、文、声、像相结合的广告形式，将大大增强网络营销的实效。网络营销能进行完善的统计，可以跟踪和衡量营销效果。无法衡量的东西就无法管理。网络营销通过及时和精确的统计机制，使广告主能够直接对广告的发布进行在线监控。而传统的广告形式只能通过并不精确的收视率、发行量等来统计受众数量。而且网络营销的广告主能通过网络即时衡量广告的效果。通过监视广告的浏览量、点击率等指标，广告主可以统计出多少人看到了广告，其中有多少人对广告感兴趣进而进一步了解了广告的详细信息。因此，较之其他任何广告，网络营销使广告主能够更好地跟踪广告受众的反应，及时了解用户和潜在用户的情况。多维营销可有效提高营销的有效转化，从而达到最佳的营销效果。

▶ 4. 针对性

网络营销的针对性比较强。通过提供众多的免费服务，一般网站都可以建立一个完整而强大的用户数据库，这其中包含了用户所在地区、年龄、性别、家庭收入、职业、联系方式和情感状态等。网络营销还可以提供有针对性的内容环境。不同的网站或者是同一网站不同的频道所提供的服务是有区别的，这就为高度迎合广告目标受众的兴趣提供了可能。这些强大的资料可以有效地帮助企业找到潜在用户，在对这些用户进行宣传的时候才会比较有针对性。

▶ 5. 高效性和超前性

网络营销缩短了媒体投放的进程，广告主在传统媒体上进行市场推广一般要经过三个阶段：市场开发期、市场巩固期和市场维持期。在这三个阶段中，厂商要首先获取注意力，创立品牌知名度；在消费者获得品牌的初步信息后，推广更为详细的产品信息。然后是建立和消费者之间较为牢固的联系，以建立品牌忠诚。而互联网将这三个阶段合并在一次广告投放中实现，它同时兼具渠道、促销、电子交易、互动顾客服务以及市场信息分析与提供的多种功能。可以及时更新产品阵列及调整商品的价格等信息，有效了解并满足顾客的需求。消费者看到网络营销，点击后获得详细信息，并填写用户资料或直接参与广告主的市场活动甚至直接在网上实施购买行为。网络营销所具备的一对一营销能力，符合定制营销与直复营销的未来趋势。

▶ **6. 整合性**

网络营销的受众关注度高，互联网上的营销可由商品信息至收款、售后服务一气呵成，兼具促销、电子交易、互动服务及市场信息采集调研分析多种功能，因此也是一种全程的营销渠道。网络营销以统一的传播资讯向消费者传达信息，节省人力物力，避免不同传播中不一致性产生的消极影响，具有整合性。

▶ **7. 技术性**

网络营销和普通的线下营销是相似的，需要理论的指导，其重要的工作之一是判断、选择、改进这些营销的手段。与线下营销不同的就是网络营销还需要更多的相关技术的支持和对技术的深入把握。可以说网络营销是建立在以高技术为支撑的互联网基础上的。企业在实施网络营销时必须有一定的技术投入和技术支持，有效引入营销人才及计算机技术的复合型人才，以提升信息管理部门的能力，具备和增强企业在网络市场上的竞争优势。

二、网络营销的内容

网络营销在实施和操作过程中与传统营销方式有着很大区别，网络营销涉及的范围较广，所包含的内容较丰富。

▶ **1. 网上调研**

通过在线调查表或者电子邮件等方式，可以完成网上市场调研而言，相对传统市场调研，网上调研具有高效率、低成本的特点，因此，网上调研是网络营销的主要职能之一。

▶ **2. 网络品牌**

网络营销的重要任务之一就是在互联网上建立并推广企业的品牌，知名企业的网下品牌可以在网上得以延伸，一般企业则可以通过互联网快速树立品牌形象，并提升企业整体形象。网络品牌建设是以企业网站建设为基础，通过一系列的推广措施，达到顾客和公众对企业的认知和认可。在一定程度上说，网络品牌的价值甚至高于通过网络获得的直接收益。

▶ **3. 网址推广**

几年前，有人甚至认为网络营销就是网址推广。相对于其他功能来说，网址推广显得更为迫切和重要，网站所有功能的发挥都要以一定的访问量为基础，所以，网址推广是网络营销的核心工作。这也是网络营销最基本的职能之一。

▶ **4. 信息发布**

网站是一种信息载体，通过网站发布信息是网络营销的主要方法之一，同时，信息发布也是网络营销的基本职能，所以也可以这样理解，无论哪种网络营销方式，结果都是将一定的信息传递给目标人群，包括顾客/潜在顾客、媒体、合作伙伴、竞争者等。

▶ **5. 销售促进**

营销的基本目的是为增加销售提供帮助，网络营销也不例外，大部分网络营销方法都与直接或间接促进销售有关，但促进销售并不限于促进网上销售，事实上，网络营销在很多情况下对于促进网下销售十分有价值。

▶ **6. 销售渠道**

一个具备网上交易功能的企业网站本身就是一个网上交易场所，网上销售是企业销售渠道在网上的延伸，网上销售渠道建设也不限于网站本身，还包括建立在综合电子商务平台上的网上商店，以及与其他电子商务网站不同形式的合作等。

▶ 7. 顾客服务

互联网提供了更加方便的在线顾客服务手段，从形式最简单的 FAQ（常见问题解答），到邮件列表，以及 BBS、聊天室等各种即时信息服务，顾客服务质量对于网络营销效果具有重要影响。

▶ 8. 顾客关系

良好的顾客关系是网络营销取得成效的必要条件，通过网站的交互性、顾客参与等方式在开展顾客服务的同时，也增进了顾客关系。

三、网络营销与传统营销

网络营销是在市场营销的基础上发展起来的，网络营销可以被认为是借助于计算机网络、计算机通信和数字交互媒体来实现营销目标的一种市场营销方式。传统的市场营销主要研究卖方的产品和劳务如何转移到消费者或用户手中的全过程，以及企业等组织在市场上的营销活动及其规律性。无论是网络营销还是传统的市场营销都离不开市场。作为传统营销的延伸与发展，网络营销与传统营销相比有许多优势，对于企业或顾客来说也有很多作用。

▶ 1. 有利于降低成本

企业采购原材料是一项烦琐、复杂的工作，而运用网络可以使采购产品与制造相结合，简化采购程序。使用 EDI（电子数据交换）进行无纸化办公，通常可以为企业节省 5%～10% 的采购成本。EDI 是通过电子方式，采用标准化的格式，利用计算机网络进行结构化数据的传输和交换的一种信息技术。另外，传统店铺促销需要投入很多的资金和人力进行市场调查，而采用网上促销的成本是相当于直接邮寄广告花费的 1%，利用网络发布广告的平均费用仅为传统媒体的 3%，这样从成本和销售方面可以很好地降低企业的成本。

▶ 2. 能帮助企业增加销售商机，促进销售

网络可以提供给企业全天候的广告及服务，还可以把广告与订购连为一体，促成购买意愿。此外，通过网络，企业与国际接轨，还可以减少市场壁垒，消除不同国家间的公司因时间、地域而形成的障碍，利于销售。传统的店铺销售有着地域的局限性，人们只能上门购物，这样制约了店铺的发展规模，而进行网络营销有着无时间限制的全天候经营，无国界、无区域界限的经营范围、精简化的营销环节的特点，超越时空的限制。这样通过网络的独有特点，可以帮助企业更好地促进销售，从而提高企业的市场占有率。

▶ 3. 有极强的互动性，有助于实现全程营销目标

网络具有主动性与互动性的特点，并且可以无限延伸。传统的店铺销售中，企业与消费者之间的沟通较为困难，而在网络环境下，企业可根据公告版、网站论坛、E-mail 的形式，大大加强企业与顾客之间的联系，企业可以有效地了解顾客的需求信息，从而建立数据库进行管理。利用这些信息，为企业所要进行的营销规划提供依据，提高消费者与企业间的互动性，帮助企业实现销售目标。

▶ 4. 可以有效地服务于顾客，满足顾客的需要

营销的本质是排除或减少障碍，引导商品或服务从生产者转移到消费者的过程。网络营销是一种以顾客为主，强调个性化的营销方式，它比传统市场营销中的任何一个阶段或方式更能体现顾客的"中心"地位。另外，网络营销能满足顾客对购物方便性的需求，提高顾客的购物效率。通过网络，顾客可以在购物前了解相关信息，购物中可在网店"游逛"，购买后也可与厂家取得联系。此外，网络营销能为企业节省传统营销方式不得不花费的巨

额促销和流通费用，从而使商品成本和价格的下降成为可能。

▶ 5. 具有高效性

网络具有快捷、方便的特性，网络营销结合网络的这个优势，使商家进行营销活动的效率提高了。把这种高效性充分运用到销售活动的各个方面，使许多对企业有用的信息综合运用起来，为企业的发展起到了指导作用。网络的高效性更有利于进行网络营销，使营销的过程更加快捷，及时适应市场的发展要求。

虽然网络营销对传统营销的 4P 策略带来了很大的冲击，对其顾客关系的营造、企业组织的重整等带来了很大的影响，但是网络营销是不可能完全取代传统营销的，事实上，网络营销与传统营销是一个整合的过程，企业只有实施网络化经营战略，线上线下一盘棋，才能统筹规划线上与线下营销。将网络营销和传统营销切割开来不合时宜，应当从整个企业的营销角度进行全盘规划，二者兼顾，相互补充，取长补短，使两种营销互相影响、互相补缺和互相促进。

四、网络营销发展运营的几种模式

▶ 1. 综合电商平台

综合电商平台实际上是多功能网站，无论产品或功能，都是综合型的。阿里巴巴、京东、亚马逊等电商巨头都是综合电商平台，其占据了整个中国超过一半以上的市场份额。综合电商平台早就培养了用户良好的购物习惯，这更是一种天然的优势。

对于网购的用户来说，信任是非常关键的因素之一。很多人选择网购更愿意选择天猫、京东等具备足够诚信力的平台去购买。这些平台具备完善的支付系统也是相当必要的。而这一点上，恐怕对于其他的电商平台来说，很难像淘宝、天猫那样再打造出一个强大的支付宝出来。天猫、京东等综合电商平台具有强大的品牌优势，拥有众多忠诚的用户。对于综合电商平台来说，商品损耗是一个非常普遍且严重的问题。很多商家在邮寄商品的时候没有特别注明或者选择一些服务不太好的快递，商品损耗就避免不了。特别是现在热门的生鲜电商，很多商家选择的送货物流在送货时间上没有保障，这无论对产品还是商家来说都是个非常严峻的问题。

▶ 2. 物流电商

物流对电子商务活动的重要性被越来越多的人注意。物流与电子商务的关系是极为密切的。物流本身的矛盾促使其发展，而电子商务恰恰提供了解决这种矛盾的手段；反过来，电子商务本身矛盾的解决，也需要物流来提供手段，新模式要求新物流模式。

传统的采购极其复杂，而在电子商务环境下，企业的采购过程会变得简单、顺畅，还可以进一步降低采购成本。

配送在其发展初期，主要是以促销手段的职能来发挥作用。从某种程度上说，电子商务时代的物流方式就是配送方式。

农业是电子商务唯一一个没有完全电商化的行业，例如顺丰以快递起家，后来选择从快递跨界到生鲜电商。生鲜电商对于物流配送来说要求十分高。如果采用物流外包，商品损耗的可能性会比较大。而如果采用员工配送，就需要大量的人力，并且在一定程度上限制了公司的扩张速度。顺丰快递选择做生鲜电商有着其他任何平台所不具备的优势。在电子商务环境下，供应链实现了一体化，供应商与零售商、消费者通过网络连在了一起，通过 POS、EOS 等供应商可以及时且准确地掌握产品销售信息与顾客信息。当然，顺丰打造一个全新的生鲜电商平台也面临着不小的挑战。

▶ 3. 农场直销模式

农场直销这种模式将订单农业与现代经营业态有机结合起来，缩短了农产品采供周期，减少了中间流通环节和物流成本，保障了农产品的新鲜安全，有效地促进了农民增收，适宜规模化和标准化农业经营，适合蔬菜、水果等高收益性的农产品。

农场直销模式的代表有多利农庄、沱沱工社，依托自己的农场打造生鲜电商，它们也有着自己的过人之处。因为是自己的农场，所以在食品安全问题上它们有在供应链上的优势。由于是自产自销，并且是刚采摘的新鲜果蔬，近距离配送的话对于农场直销来说能够保证果蔬的新鲜度。

既然近距离是优势，那么远距离配送自然就成了农场直销模式的劣势。因为对于农场直销平台来说，由于农场的距离比较偏远，快递上门取货送货都是一个比较麻烦和耗费时间的过程。由于是自产自销，在产品的广度上自然也就无法满足具有多样化需求的用户。

此外，农场直销平台也需要承担一定的风险。自产的果蔬有可能会因为季节、雨水、技术等原因而收成不好，这就会在一定程度上影响自己的供货量。

▶ 4. 线下超市模式

超市线上线下融合强调线下购物体验，不过并非超市中的购物体验，而是其电商平台商品配送的体验。模式是先自建一个 B2C 网站，以超市作为辐射据点。

网购体系为线下卖场服务，在大卖场购物最大的麻烦是搬运商品回家，在大卖场购物也可提供送货上门服务，用户在大卖场购物，在服务台办理送货手续，订单在规定的时间送货到户。网购体系为实体门店购物顾客提供了增值服务。在线下超市模式里，大部分用户使用的是手机 APP 购物流程。

对于目前很火的生鲜电商，线下超市上线的模式，从华润万家、永辉超市到麦德龙等生鲜平台都相继关闭了，可以看出线下超市涉足生鲜电商并非易事。一方面，多了一项没必要的配送人工成本(本来客户都是直接到超市购物，如今却需要配送，如果是远距离同样也多了一份快递成本，且需要专人来打包发货)；另一方面，它还需要为此付出更多的网上运营成本，这个本来就不是线下超市的强项，缺乏互联网营销经验自然需要为此付出更多。

传统超市融合线上的切入点很多，也有不少超市在进行线上线下融合的探索，但是短期内可能很难出现非常直观的成效。

▶ 5. 社区 O2O 模式

O2O 即 online to offline，指线下销售与服务通过线上推广来揽客，消费者可以通过线上来筛选需求，在线预订、结算，甚至可以灵活地进行线上预订，线下交易、消费。O2O模式是随着像美团网、拉手网、街库网这样本地化电子商务的推广以及市场的需要逐步形成的。如图 1-1 所示。美团、拉手、窝窝团这类传统团购网站的模式既包含 O2O 的成分，也包含 O2O 以外的东西，完全采用 O2O 模式运营的网站非常少，美乐乐家居网算是比较典型的例证。美乐乐通过线上引流将客户流量转化至线下体验馆进行体验购物，进而完成O2O 的生态闭环，美乐乐的体验馆提供家居产品陈列，营造真实度很高的购物体验。

目前无论是淘宝、京东，还是顺丰优选、垂直电商等都在涉及社区 O2O 模式，很多社区 O2O 平台也在跨步、跨界寻求发展和突破的机遇。

社区 O2O 送货上门十分方便，产品能得到保证，减少损耗率。在支付环节上，社区O2O 也能够通过线下货到付款的方式，保障消费者的权利。

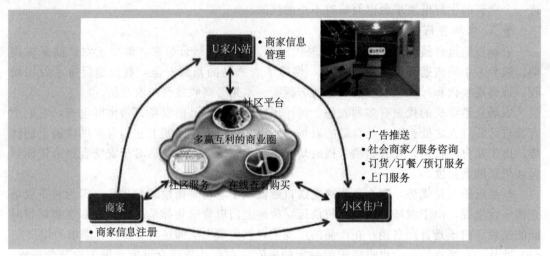

图 1-1　社区 O2O 模式

很多用户通过微信公众号或者手机 APP 就可以直接购买产品。社区 O2O 模式能够保障送货时间。社区 O2O 商家只是送货到附近的小区，特别在生鲜电商这一块，就减少了浪费，节省了成本。

总体来看，电商网络营销运营模式有很多种，无论是农场直销、线下超市还是社区 O2O，最终形成以综合电商平台为主，如以淘宝、京东为主，微商为辅的格局。

任务二　网络营销岗位认知与职业道德

一、网络营销的社会背景

随着时代的发展，网络营销在现代生活中越来越重要，甚至成为电子商务最重要的组成部分，对整个营销产生巨大的冲击。

根据相关数据公司统计，中国电子商务市场交易总额从 2004 年的不足 1 万亿元（人民币，下同）增长至 2014 年的 13.4 万亿元，十年间的年均复合增长率高达 30.6%。

网络零售是电子商务的发展亮点，中国已成为世界第一大网络零售市场，2014 年网络零售额达到 2.8 万亿元，占社会消费品零售总额的 10.6%。2014 年前 10 个月，网络零售总额已达 2.95 万亿元。在 2015 年"双 11"活动中，仅阿里巴巴所属各平台当天总交易额就达到 912 亿元。

报告称，中国互联网企业市值规模迅速扩大，互联网相关上市企业 328 家，其中在美国上市 61 家，沪深上市 209 家，香港地区上市 55 家，市值规模达 7.85 万亿元，相当于中国股市总市值的 25.6%。目前，阿里巴巴、腾讯、百度、京东 4 家上市公司进入全球互联网公司 10 强；华为、小米等非上市公司也进入全球前 20 强。

此外，中国移动购物也在快速发展。报告显示，2012 年至 2015 年 6 月，中国手机网购用户规模从 5 549 万人迅速增长到 2.70 亿人。跨境电子商务蓬勃兴起，2014 年中国跨境网络零售交易额达到 4 492 亿元，同比增长 44%。

网络蕴藏市场无限，孕育商机万千，网络营销极具发展前景，已成为 21 世纪企业营销的主流。网络营销作为一种全新的营销方式，与传统营销方式相比具有明显的优势。

网络营销正是适应网络技术发展和网络时代社会变革的新生事物，已经变成众多企业特别是中小企业的营销策略。利用互联网，中小企业只需花极小的成本，就可以迅速建立起自己的全球信息网和贸易网，将产品信息迅速传递到以前只有财力雄厚的大公司才能接触到的市场中去，平等地与大型企业进行竞争。从这个角度看，网络营销为刚刚起步且面临强大竞争对手的中小企业提供了一个强有力的竞争武器。网络营销已经成为企业营销战略非常重要的组成部分，对于一些中小型企业而言甚至已经成了主要的营销模式。

二、网络营销人才需求状况

教育部数据显示，2015 年全国普通高校毕业生规模已达到 749 万，再次刷新纪录，而海归人数的暴涨，也为毕业生的就业增加了难度，不容乐观的就业形势让学生、家长发愁。对于低学历者来说，想要找到好的工作则难上加难。有专家认为，未来网络营销行业人才需求将呈现出大爆发的状态。

从网络营销各类人才市场的需求不断变化来看，商务类人才需求强劲。在网络营销人才市场整体需求强劲的大势之下，不论是网络营销人才在网上的招聘，还是在对其他传媒网络营销招聘信息的统计上，或者是调研深入一线企业所看到并得到证实的，市场所需要和提供的商务类职位都是最多的，商务类专业人才有明显的培养和就业优势。我国的网络营销人才急缺，从业人员少，实战技能水平较低。而互联网营销对各行业来说，都是一个新兴的大市场。从兴起到风靡全球，互联网诞生了大量百万富翁和亿万富翁，世界的财富也因此而重新分配。互联网让生活变得一"键"可达，高明的网络营销实用技能对许多企业的作用日益重要，而大多数中小企业在网络营销上显得经验不足。随着中国 IT 行业的快速发展，创新型的企业更为青睐在短期内即可上手的人才。

网络营销人才在职业发展空间、薪资福利待遇、受尊重程度等方面的劳动力满意度测评指标均远远高于其他岗位，这些能够依靠互联网为企业赚钱的人，受到越来越多的雇主的青睐与追捧，如网络营销工程师已经成为新经济时代的金饭碗。

三、网络营销岗位职责

网络营销人才是互联网时代所产生的新的职业发展方向，是具备网络营销专业领域市场分析能力、信息处理能力、文字表达能力、客户体验能力、网页设计能力、网站推广能力、搜索引擎营销能力、网络贸易能力、组织协调能力、评估调整能力，同时又掌握市场营销、客户管理基本技能的，可以成为企业网络营销实践活动提供专业商业服务的职业化经营管理人员。

▶ 1. 网络市场调研岗位技能

（1）知识及技能：掌握网络信息筛选知识；精通专业网络搜索技能，熟悉日常办公软件的使用。

（2）能力素质：良好的业务能力、判断能力、学习能力、沟通能力、组织能力以及敏锐的市场意识。

（3）岗位职责：

① 能熟练使用网络市场调研工具，熟练组织、实施网上市场调研活动；

② 能够根据企业经营需求确定调研目标、调研对象，制订适合的网络市场调研策划；

③ 能根据调研任务，选择合适的调查方法，设计、制作调查问卷；

④ 策划、执行在线推广活动，收集推广反馈数据，借助调查分析工具分析调查结果，不断改进推广效果；

⑤ 能够撰写市场调研分析报告和商情分析报告。

▶ 2. 网络营销搜索引擎优化岗位技能

(1) 知识及技能：精通各大搜索引擎的搜索排名原理，掌握搜索引擎优化技术，熟悉各类网站推广技术。熟悉 SEO，对于搜索引擎的原理有深入的了解，精通排名原理、PR 规则、网站收录、网站流量、Alexa 排名等概念及方法。熟悉各个品牌客户的口味和喜好。

(2) 能力素质：有较强的分析能力，能从看似杂乱的数据中分析出合理的原因并制定应对方案，有市场洞察和分析调研能力，工作积极主动有效，富有进取心，能够胜任高强度的工作。

(3) 岗位职责：

① 专职从事以搜索引擎优化为主的网络营销研究、分析与服务工作，对搜索、排名类网站的内部运算机理有深入的了解；

② 熟悉、研究并运用各种优化工具，分析网站及各频道的关键词解决方案，监控网站关键词，监控和研究竞争对手及其他网站的相关做法，并围绕优化提出合理的网站调整建议；

③ 分析、评审、建议并不断开拓网站外部链接的方法和网址，通过第三方平台或网站进行流量、数据或服务交换，或战略合作联盟，增加网站的流量和知名度；

④ 能够根据公司战略发展要求，通过对网站的分析，制订前台页面和系统架构等全面的搜索引擎排名及优化的整体解决方案；

⑤ 总结和评估投放效果，根据投放效果提出改进方案。

▶ 3. 网络广告营销岗位技能

(1) 知识及技能：掌握网络市场运行的基本原理和网络营销活动的规律，了解公司产品的销售渠道，懂得网络广告的调研方法，了解网络广告的发布与运作。

(2) 能力素质：具备较强的观察分析应变能力，具有创新、沟通能力，以及用户体验及参与交流能力。

(3) 岗位职责：

① 能够熟练应用工具撰写网络广告文案；

② 负责完成公司规定的销售指标，能熟练使用常用工具软件进行简单的网络广告创意、策划、设计、制作；

③ 分析在线投放媒体的受众特点，熟练应用多种网络工具发布商务信息、公司产品宣传广告；

④ 进行网络广告评估，提高广告效果，并对网络广告监督；

⑤ 收集网络客户的意见和建议，对公司的销售策略、广告、售后服务、产品的研发和销售提出相关的建议。

▶ 4. 网络客服岗位技能

(1) 知识及技能：熟练使用在线客服系统处理网络客户服务订单。

(2) 能力素质：坚守岗位，忠于职守，树立全心全意为客户服务的意识，对客户所提问题的解答礼貌、热情、迅速，并做到语音清晰，平等待客，耐心细致。

（3）岗位职责：

① 负责收集客户信息，了解并分析客户需求，规划客户服务方案；

② 制定网络客户服务流程，建立客户档案、质量跟踪记录等售后服务信息管理系统；

③ 制定不同类型的客户关系管理策略；

④ 能够对网络客户服务进行统筹安排及管理；

⑤ 负责组织公司产品的售前支持、售中跟踪及售后服务等管理工作。

▶ 5. 网络推广主管岗位技能

（1）知识及技能：熟悉网络营销渠道建设，了解商务网站建设与维护，熟悉网络营销站点推广及方法。

（2）能力素质：注重团队合作，善于沟通，语言表达能力强，具有较强的学习能力和洞察力。

（3）岗位职责：

① 负责利用网络媒介推广公司产品及服务，提高网站的知名度；

② 根据公司产品及网站特点，确定网站推广目标和推广方案，并对公司网站结构给出符合市场推广的合理规划方案；

③ 策划、执行在线推广活动，收集推广反馈数据，不断提高推广效果；

④ 寻找相关网站资源进行内容交换、广告交换等合作；

⑤ 组织协调其他人员的网络推广工作。

▶ 6. 网店店长岗位技能

（1）知识及技能：熟悉网店平台操作及推广模式，并能制订相关的计划，能独立完成平台的产品管理流程；熟悉电子商务平台的操作及各种营销工具的使用，能根据网络市场不定期策划淘宝商城营销活动，及策划相应活动的广告。

（2）能力素质：具备管理能力、培训能力，善于沟通，有创新力，具有较强的学习能力和数据分析能力。

（3）岗位职责：

① 负责店铺的运营管理，策划网站营销活动方案，并推进执行，完成营销目标；

② 负责网店日常的推广项目，如旺铺、店铺与标题关键词策略，橱窗推荐，论坛社区、搜索引擎营销、淘宝直通车、淘宝客等，并配合店铺自身的各类营销推广；

③ 配合运营方进行线上活动及推广方案策划并监督执行，负责活动后期数据统计，提供效果分析报告；

④ 侦测同行业运营情况及市场最新动态，发掘新的商机或商品；

⑤ 负责上下架商品、协助代运营方建立在线客服体制；

⑥ 负责网店的营销管理，包括网店流量、订单等效果数据研究等；

⑦ 分析每日营运情况，统计数据，发掘隐含的内在问题，有针对性地提出解决办法；

⑧ 针对顾客、市场、购买过程中的问题及时调整。

四、网络营销职业道德

▶ 1. 职业道德的概念

职业道德，就是同人们的职业活动紧密联系的符合职业特点的道德准则、道德情操与道德品质的总和，它既是对本职人员在职业活动中的行为标准和要求，同时又是职业对社会所负的道德责任与义务。

职业道德既是本行业人员在职业活动中的行为规范，又是行业对社会所负的道德责任和义务。职业作为认识和管理社会的基础性工作可谓默默无闻、枯燥烦琐。没有无私奉献的道德品质，没有"不唯上、不唯书、只为实"的求实精神，是很难出色地完成任务的。

▶ 2. 网络营销人员职业道德缺失的表现

在互联网这个虚拟的世界里，会有暴力、色情、恐怖等垃圾信息，随着网络营销业的蓬勃发展，网络营销从业人员队伍日益壮大。受消费者价值判断能力和思维能力的局限，有些网络营销人员的网上行为突破了传统道德的规范，加上没有专门的技术可以对网络信息进行筛选，导致有些网络营销人员在无意识中做了某种网络不道德行为。网络营销行业的从业道德问题日益凸显。

目前网络营销人员的职业道德缺失主要表现为：为违法客户提供推广服务；用违法手段为客户提供推广服务；推广的内容存在虚假欺诈宣传；网络营销业务人员信口开河。

因此，网络营销人员应该要适应新形势的变化，加强个人的道德修养，树立正确的世界观、人生观和价值观；遵守国家规定的政策及法律法规，树立起网络营销从业人员的职业道德。

▶ 3. 网络营销人员一般职业道德标准

网络营销人员在工作中应参照国家职业道德标准规定的基本内容，主要包括以下两个方面：

(1) 遵纪守法，尊重知识产权，爱岗敬业，严守商业机密，严格遵守国家的有关保密规定，自觉加强保密观念，防止机密泄露。

(2) 实事求是，工作认真，尽职尽责，一丝不苟，精益求精，具有团队精神。

▶ 4. 网络营销人员特殊职业道德素养

在日常的网络营销业务中，网络营销业与社会其他行业一样，也要承担必要的社会责任。网络营销人员还应在保护消费者隐私权、商业信息发布等方面做到自律，具备以下基本的职业道德素养。

(1) 对企业负责。网络营销不能欺骗企业，不能为了业绩信口开河，要保障企业网络推广的效果，使企业推广费用带来的效益最大化。

(2) 对网民负责。网络营销要对网民负责，不要为了利益沦落成欺诈、虚假信息的传播工具，更不要成为这类信息的制造者，夸大产品性能、功效，有意提供不完整信息，隐瞒产品或服务的缺陷，开展欺诈性促销，做不文明广告，传播不健康文化，制造有偿新闻，故意贬低竞争对手的产品。

(3) 对社会负责。网络营销公司要避免利用低俗、色情、暴力等要素作为炒作点，更要避免明知推广的内容违法还铤而走险，进行相关的推广活动，侵犯隐私权，以不正当手段窃取商业情报。

只有每个网络营销从业人员认真遵守以上道德标准，网络营销行业的整体环境才能得到根本改善，网络营销业才能得到更健康的发展，使企业及消费者最终都会从中受益。

知识拓展

网络营销认识误区

误区一：网络营销＝网上销售

(1) 网络营销不等于网上销售。因为网络营销的效果可能表现在多个方面，例如，企业品牌价值的提升、加强与客户之间的沟通、作为一种对外发布信息的工具、网络营销活动并不一定能实现网上直接销售的目的，但是，很可能有利于增加总的销售。

网上销售也不仅仅靠网络营销，而是要采取许多传统的方式，如传统媒体广告、发布新闻、印发宣传册等。

（2）网络营销不仅限于网上。一个完整的网络营销方案，除在网上做推广之外，还很有必要利用传统营销方法进行网下推广。

（3）网络营销建立在传统营销理论基础之上。网络营销活动不可能脱离一般营销环境而独立存在，网络营销理论是传统营销理论在互联网环境中的应用和发展。

误区二：网络营销＝阿里巴巴或者百度

阿里巴巴和百度只是目前网络营销当中非常重要的平台和工具，常用的营销方法还有博客营销、微博营销、微信营销、邮件营销、精准营销等。

误区三：网络营销＝做网站、做广告

网络营销的基础是产品，是站点，如何让别人通过这个站点了解公司和产品，从而产生生意才算是营销。

误区四：网络营销＝趋势或辅助性营销模式

网络营销不只是一种趋势或者辅助性营销模式，而是包含网络营销策划、网站建设和推广以及团队运营管理等诸多方面的综合营销模式，可能还是不少企业的最重要的营销模式。

思考练习

1. 简述网络营销的特点。
2. 网络营销的工作内容包括哪些？
3. 网络营销人员需要具备哪些素质和技能？
4. 网络营销与传统营销有何异同？

综合实训

实训目的：了解网络营销职业的现状。

实训内容：在各网站上查看对网络营销人员的招聘需求，并归纳出网络营销人员需要具备的素质和技能、网络营销工作内容等，结合自身的职业规划，形成分析报告。

实训要求：通过分析不同网站的招聘需求，归纳总结网络编辑需要的素质和技能。

实训条件：计算机房，提供网络环境。

实训操作：

（1）登录不同类型的网站，如电子商务网站、政府网站、企业网站等，了解网站运营情况，熟悉网站内容。

（2）查看网站的网络营销招聘信息及要求，体验网络营销的意义。

（3）分析总结网络营销人员需要的素质和技能。

（4）结合自身职业规划，形成分析报告。

项目二
网络市场调研专员岗位技能

知识要点

网络市场调研的步骤；消费者行为；调研工具的使用。

技能要点

调研内容；问卷制作，一手数据及二手数据的收集方法。

引例

可口可乐跌入调研陷阱

20世纪70年代中期以前，可口可乐一直是美国饮料市场的霸主，市场占有率一度达到80%。然而，70年代中后期，它的老对手百事可乐迅速崛起。1975年，可口可乐的市场份额仅比百事可乐多7%。9年后，这个差距更缩小到3%，微乎其微。

百事可乐的营销策略：一是针对饮料市场的最大消费群体——年轻人，以"百事新一代"为主题推出一系列青春、时尚、激情的广告，让百事可乐成为"年轻人的可乐"。二是进行口味对比，请毫不知情的消费者分别品尝没有贴任何标志的可口可乐与百事可乐，同时百事可乐公司将这一对比实况进行现场直播。结果是，有八成的消费者回答百事可乐的口感优于可口可乐，此举马上使百事可乐的销量激增。

对手的步步紧逼让可口可乐感到了极大的威胁，它试图尽快摆脱这种尴尬的境地。1982年，为找出可口可乐衰退的真正原因，可口可乐决定在全国10个主要城市进行一次深入的消费者调查。

可口可乐设计了"你认为可口可乐的口味如何？""你想试一试新饮料吗？""可口可乐的口味变得更柔和一些，您是否满意？"等问题，希望了解消费者对可口可乐口味的评价并征询其对新可乐口味的意见。调查结果显示，大多数消费者愿意尝试新口味可乐。

可口可乐的决策层以此为依据，决定结束可口可乐传统配方的历史使命，同时开发新口味可乐。没过多久，比老可乐口感更柔和、口味更甜的新可口可乐样品便出现在世人面前。为确保万无一失，在新可口可乐正式推向市场之前，可口可乐公司又花费数百万美元在 13 个城市中进行了口味测试，邀请了近 20 万人品尝无标签的新/老可口可乐。结果让决策者们更加放心，六成的消费者回答说新可口可乐味道比老可口可乐要好，认为新可口可乐味道胜过百事可乐的也超过半数。至此，推出新可乐似乎是顺理成章的事了。

可口可乐不惜血本协助瓶装商改造了生产线，而且，为配合新可乐上市，可口可乐还进行了大量的广告宣传。1985 年 4 月，可口可乐在纽约举办了一次盛大的新闻发布会，邀请 200 多家新闻媒体参加，依靠传媒的巨大影响力，新可乐一举成名。

看起来一切顺利，刚上市一段时间，有一半以上的美国人品尝了新可乐。但让可口可乐的决策者们始料未及的是，噩梦正向他们逼近——很快，越来越多的老可口可乐的忠实消费者开始抵制新可乐。

对于这些消费者来说，传统配方的可口可乐意味着一种传统的美国精神，放弃传统配方就等于背叛美国精神，"只有老可口可乐才是真正的可乐"。有的顾客甚至扬言将再也不买可口可乐。每天，可口可乐公司都会收到来自愤怒的消费者的成袋信件和上千个批评电话。尽管可口可乐竭尽全力平息消费者的不满，但他们的愤怒情绪犹如火山爆发般难以控制。迫于巨大的压力，决策者们不得不作出让步，在保留新可乐生产线的同时，再次启用近 100 年历史的传统配方，生产让美国人视为骄傲的"老可口可乐"。

（资料来源：233 网校，http://www.233.com/wxy/Instructs/yingxiao/20120104/101634867.html）

分析：市场营销调研与预测是现代市场营销活动的重要组成部分。市场营销调研作为市场营销活动的起点，为企业营销的目标、营销方式、营销内容的选择及决策提供了依据。

首先分析可乐的市场情况。百事可乐是可口可乐的一个强大对手，面对百事可乐的营销策略，针对饮料市场的最大消费群体——年轻人，并通过口味对比，使百事的销量激增。此时可口可乐感到了极大的威胁，为找出可口可乐衰退的真正原因，进行了市场调研，分析百事可乐的营销策略。

对市场进行调研有利于企业科学决策，搞好企业营销活动策划。市场预测，就是运用预测技术，对商品市场的供求趋势、影响因素和变化状况，作出分析和推断，从而为制订营销计划、进行营销决策提供依据。通过设置问题，公司了解到消费者对可口可乐口味的评价及意见，预测到现有市场的消费者的口味需求，所以才针对这一现象对可口可乐的口味进行了改变，开发了新的可口可乐，这是应市场的需求而改变的。但是，在推出新可乐之前，公司只是注重对新口味的测试，没有对其市场的消费群进行分析，没有分析出消费者最主要的购买动机，从而失去了消费者的强大支持，以失败告终。

任务一 网络市场调研概述

一、网络市场调研基础知识

网络市场调研又称网络市场调查，是指基于因特网而系统地进行营销信息的收集、整理、分析和研究的过程。

▶ **1. 网络市场调研的意义**

公司在制订营销战略和营销组合策略时，需要考虑战略方面和策略方面的问题。在战略方面，首先要考虑细分市场，包括细分市场的需求和欲望、细分市场的大小和可接近性、怎样选择细分市场、选择哪些细分市场作为目标市场等；其次要考虑竞争对手，包括竞争对手是谁，我们和竞争对手之间的差异；最后要考虑定位，即采用什么样的产品和定位来满足细分市场的需要。在营销战略确定之后，就要解决营销组合策略的问题，也就是根据细分市场和定位，来确定产品、价格、渠道和促销。每一个问题的解决都需要决策，在决策而没有信息时就需要进行营销调研。

▶ **2. 网络市场调研的特点**

(1)网络调研信息的及时性和共享性。由于网络的传输速度非常快，网络信息能够快速地传送到连接上网的任何网络用户，而且网上投票信息经过统计分析软件初步处理后，可以看到阶段性结果，而传统的市场调研得出结论需经过很长的一段时间。同时，网上调研是开放的，任何网民都可以参加投票和查看结果，这又保证了网络调研的共享性。

由于企业网络站点的访问者一般都对企业产品有一定的兴趣，对企业市场调研的内容作了认真的思考之后进行回复，而不像传统的调研方式下为了抽号中奖而被动地回答，所以网络市场调研的结果是比较客观和真实的，能够反映消费者的真实要求和市场发展的趋势。

(2)网络调研方式的便捷性和经济性。在网络上进行市场调研，无论是调查者还是被调查者，只需拥有一台能上网的计算机就可以进行网络沟通交流。调研者在企业站点上发出电子调查问卷，提供相关的信息，或者及时修改、充实相关信息，被调研者只需在电脑前按照自己的意愿轻点鼠标或填写问卷，之后调研者利用计算机对访问者反馈回来的信息进行整理和分析即可，这种调研方式将是十分便捷的。

同时，网络调研非常经济，它可以节约传统调查中大量的人力、物力、财力和时间的耗费，省却了印刷调研问卷、派访问员进行访问、电话访问、留置问卷等工作；调研也不会受到天气、交通、工作时间等的影响；调查过程中最繁重、最关键的信息收集和录入工作也将分布到众多网上用户的终端上完成；信息检验和信息处理工作均由计算机自动完成。所以网络调研能够以最经济、便捷的手段完成。

(3)网络调研过程的交互性和充分性。网络的最大优势是交互性。这种交互性也充分体现在网络市场调研中。网络市场调研在某种程度上具有人员面访的优点。在网上调查时，被访问者可以及时就与问卷相关的问题提出自己的看法和建议，减少因问卷设计不合理而导致的调查结论出现偏差等问题。消费者一般只能针对现有产品提出建议甚至是不满，而对尚处于概念阶段的产品则难以涉足，而在网络调研中消费者则有机会对从产品设计到定价和服务等一系列问题发表意见。这种双向互动的信息沟通方式提高了消费者的参与性和积极性，更重要的是能使企业的营销决策有的放矢，从根本上提高消费者的满意度。同时，网络调研又具有留置问卷或邮寄问卷的优点，被访问者有充分的时间进行思考，可以自由地在网上发表自己的看法。把这些优点集合于一身，形成了网络调研的交互性和充分性的特点。

(4)网络调研结果的可靠性和客观性。相比传统的市场调研，网络调研的结果比较可靠和客观，主要是基于以下原因：首先企业站点的访问者一般都对企业产品有一定的兴趣，被调查者在完全自愿的原则下参与调查，调查的针对性很强。而传统的市场调研中的拦截询问法，实质上是带有一定的强制性的。其次，被调查者主动填写调研问卷，证明填写者一般对调查内容有一定的兴趣，回答问题就会相对认真，所以问卷填写可靠性高。此外，网络市场调研可以避免传统市场调研中人为因素干扰所导致的调查结论的偏差，因为被访问者是在完全独立思考的环境中接受调查的，能最大限度地保证调研结果的客观性。

(5)网络调研无时空和地域的限制性。传统的市场调研往往会受到区域与时间的限制，而网络市场调研可以 24 小时全天候进行，同时也不会受到区域的限制。

(6)调研信息的可检验性和可控制性。利用因特网进行网上调研收集信息，可以有效地对采集信息的质量实施系统的检验和控制。首先网上市场调查问卷可以附加全面规范的指标解释，有利于消除被调查者因对指标理解不清或调查员解释口径不一而造成的调查偏差。其次，问卷的复核检验由计算机依据设定的检验条件和控制措施自动实施，可以有效地保证对调查问卷 100% 的复核检验，保证检验与控制的客观公正性。最后，通过对被调查者的身份验证技术可以有效地防止信息采集过程中的舞弊行为。

▶ 3. 市场调研的内容

(1)企业的宏观环境信息。宏观环境主要包括人口环境、经济环境、自然环境、技术环境、政治法律环境和文化环境。

① 人口环境。人口是构成市场的第一位因素。人口结构主要包括人口年龄结构、性别结构、家庭结构、民族结构和地理结构等。人口数量的多少及增长速度直接决定市场的规模及其潜力，而人口的结果与布局直接决定目标市场和市场格局。按人口数量及人口增长，可推算出市场规模和市场潜力。人口越多市场潜力越大。

② 经济环境。首先，企业的市场营销活动要受到一个国家或地区的整体经济发展水平的制约。经济发展阶段不同，消费水平不同，必然影响市场状况。其次，与企业自身密切相关的产业发展状况，对企业的投资方向、目标市场的确定等具有重要影响。产业发展状况可以通过产业结构指标得以反映。最后，居民个人收入状况是一个决定性因素。居民个人收入状况在很大程度上反映了市场购买力水平，而一定的购买力水平则是形成市场并影响其规模大小的决定性因素。

③自然资源环境。自然资源环境可分为"无限"资源、有限但可以更新的资源及有限但不可再生的资源。自然资源环境也是企业进行网络营销策划必须考虑的方面，特别是最近兴起的生鲜电商产品营销问题。

④ 技术环境。科学技术的发展使产品更新换代速度加快，产品的市场寿命缩短，科学技术的发明和应用可以造就一些新的行业和新的市场，同时又使一些旧的行业和市场走向衰落。同时，科学技术的进步将使人们的生活方式、消费行为及消费结构发生深刻变化。一种新技术或新产品的出现，必然对消费市场产生一系列影响。

⑤ 政治法律环境。政治环境因素主要是指一个国家或地区的政治局势、大政方针以及对外政治、经济、军事等关系；法律环境因素是指企业开展市场营销活动，必须了解并遵守国家或政府颁布的有关法律法规，包括立法情况和执法情况。

⑥ 文化环境。教育水平高的地区，消费者对商品的鉴别力强，容易接受广告宣传和接受新产品，购买的理性程度高。不同的价值观在很大程度上决定着人们的生活方式，从而决定着人们的消费行为；不同的宗教信仰有着不同的文化倾向，从而影响人们认识事物的方式、观念和行为准则，影响人们的消费选择，决定着相应的市场需求。风俗习惯是人们根据自己的生活内容、生活方式和自然环境，在一定的社会物质条件下长期形成世袭相

传的一种传统风尚和行为方式的综合。

（2）企业的微观环境信息。

① 企业本身。企业内部营销环境信息包括企业内部组织结构、对外关系等方面的政策。

② 企业财务信息。包括销售利润率、总资产报酬率、资本收益率、资本保值增值率、资本负债率、流动比率、应收账款比率、存货周转率、社会贡献率、社会积累率等。

③ 企业经营信息。企业经营信息是指与企业本身经营活动直接关联的信息因素，它包括产品信息、价格信息、分销信息和促销信息等。

④ 企业的供应商。包括供应的原材料、设备的充足程度，供应企业在供应品提供方面的质量水准、价格水平、运输条件、信贷保证、承担风险等方面的情况。

⑤ 企业的营销中介。营销中介是指协助促销、销售和配销其产品或服务所需资源的企业或个人，它包括中间商、实体分配机构、营销服务机构和财务中间机构等。

⑥ 顾客。顾客按其购买目的及其范围上的差异分为消费者市场、生产者市场、转卖者市场、政府市场和国际市场五大类。

顾客信息主要包括市场需求水平、市场占有率、市场发展速度、顾客消费购买习惯和购物方式等。

⑦ 竞争对手。竞争者的信息包括竞争者的战略、目标、优势与劣势，以及反应模式等。

⑧ 社会公众。社会公众包括媒体公众、政府公众、社会团体、社区公众、一般公众。其中媒体公众包括报纸、杂志、广播、电视等大众媒体，其信息指标包括宣传力度、社会威望等；政府公众包括工商、税务、司法、城管、卫生防疫、技术监督、交通，以及行业主管部门，其信息包括分部门负责人、分部门的政策法规；社会团体包括消费者组织、环境保护组织等，其信息包括团体的活动内容、投诉情况等；社区公众主要指企业所在地附近的居民和社区组织，其信息包括社区公众的特点、构成、对企业的要求等；一般公众是指不直接与市场发生联系，但又对企业市场营销能力形成潜在的影响的公众，包括一般公众的态度、对企业的认识程度、对社会整体利益的关注程度等。

以上列举了调研内容的整体范围。应该注意的是，并不是每个项目的调研，都必须对上述所有内容进行调研，而是应当紧密结合调研目标的需要，本着够用和透彻的原则，有选择地进行调研，调研内容的范围既不要过大，也不要过小。

二、网络市场调研的方法

网络市场调研方法分为网络直接市场调研和网络间接市场调研。

▶ 1. 网络直接市场调研

网络直接市场调研是指利用互联网技术，通过网上问卷等形式调查网络消费者行为及其意向的一种市场调研类型。分类是认识事物的重要方法，根据不同的标志，可以将网上直接市场调研方法分为若干种类型。

按调研的思路不同网上直接市场调研可以分为网上问卷调研和网络专题讨论、网上观察法、网上实验法等调研方法。在调研过程中具体采用哪一种方法，要根据实际目标和需要而定。另外，进行网上调研应注意遵循网络规范。下面具体介绍几种方法的实施步骤。

（1）网上问卷调查法。网上问卷调查法是在网上发布问卷，被调查对象通过网络填写问卷，完成调查。根据所采用的技术，网上问卷调查一般有两种。一种是站点法，即将问卷放在网络站点上，由访问者自愿填写。比如常用的问卷星（https：//www.sojump.com，如图2-1所示）、百度问卷（http：//mtc.baidu.com，如图2-2所示）等。

图 2-1　问卷星页面

图 2-2　百度问卷调研服务页面

　　另一种是用 E-mail 将问卷发送出去，被调查者收到问卷后，填写问卷，点击"提交"，问卷答案则回到指定的邮箱。被调查者在填写问卷时甚至不用上网，如将电子邮件下载下来，在发送结果时上线提交即可。电子邮件调查有局限性，如问卷的交互性很差，并且数据的处理会很麻烦，每份问卷的答案都是以邮件形式返回，必须重新导入数据库进行处理。这种网上问卷调查法是最常用的方法，它比较客观、直接，但不能对某些问题作深入的调查和分析。

　　要注意的是，无论采用哪种在线问卷，都不能过于复杂、详细。在线问卷设计得不好，会占用被调查者太多的时间，使调查者无所适从甚至感到厌烦，从而影响问卷的反馈率，最终影响问卷所收集数据的质量。

　　在网站建设和推广过程中，采用在自己网站上放置简单问卷的形式，可以很好地了解访问者的人口统计特征，有助于网站内容建设和决定在网站上提供什么样的服务。为了最大限度地提高答卷率，可采取一定的激励措施，比如提供抽奖券、免费礼品等。

（2）网络专题讨论法。网络专题讨论法可以通过新闻组、BBS或邮件列表进行。这种方法一般分为以下几个步骤：第一，确定要调查的目标市场；第二，识别目标市场中要加以调查的讨论组；第三，确定可以讨论或准备讨论的具体话题；第四，登录相应的讨论组，通过过滤系统发现有用的信息，或创建新的话题，让大家讨论，从而获得有用的信息。

例如，电脑爱好者论坛（http：//bbs.cfanclub.net/forum.php，如图2-3所示），对信息进行了分类整合和搜集，能够在单独的一个领域里进行板块的划分设置，吸引了真正志同道合的人一起来交流探讨，了解顾客或潜在顾客对企业产品或服务的意见，以及市场动态、行业发展趋势、竞争者发展状况等信息，达到很好的效果。

图2-3　电脑爱好者论坛主页页面

▶ 2. 网络间接市场调研

网络间接市场调研主要是利用互联网收集与企业营销相关的市场、竞争者、消费者以及宏观环境等方面的信息，实际是网上二手资料数据的收集过程。二手数据主要有以下几种。

（1）内部二手数据。内部二手数据是指公司内部收集的数据。公司在日常运行中会收集到各种与交易相关的数据，包括会计核算、产品设计、客户维护等方面的数据，这些数据一般保存在公司内部的数据库中。当客户与公司接触时，公司会保存客户属性的方面信息，包括客户的年龄、性别、受教育程度、工资和家庭状况等；还可能保存客户的行为方面的数据，包括客户购买地点、购买频率、消费方式和购买金额等。当调研需要时，可以调用这一部分数据作为二手数据来研究问题。

（2）出版物数据。出版物数据是指公开发布可以从图书馆和其他实体机构获得的资料。政府的人口普查、经济普查数据，政府各个部委发布的统计数据，如宏观经济指数、消费者信心指数、全社会客货运输量，以及一些年鉴类数据《中国统计年鉴》《中国经济年鉴》等都可以作为二手数据的很好来源。非营利组织如商务部、大学院校、一些专业的行业协会发布的数据也是二手数据的一个重要来源。行业类报纸、学术类杂志和一些专业机构定期提供的以赢利为目的数据，如报纸、杂志、期刊等是二手数据的另一个重要来源。

(3)辛迪加数据。辛迪加数据是调研公司专业收集，提供给多家有需求公司的数据。调研公司将收集到的信息出售给多个客户以实现成本分摊。比较著名的辛迪加数据有 AC 尼尔森公司的电视收视率数据和 IRI 公司发布的零售店铺销售报告。

网络间接调研的方法，一般通过搜索引擎搜索有关站点的网址，然后访问所想查找信息的网站或网页，如专题性网站，(2014 世界杯专题 http：//2014.qq.com，如图 2-4 所示)、综合性网站(新浪网 http：//www.sina.com.cn，如图 2-5 所示)或利用相关的网上数据库(中国知网 http：//www.cnki.net，如图 2-6 所示)等。

图 2-4　2014 世界杯腾讯网站专题页面

图 2-5　新浪网页面

图 2-6　中国知网页面

任务二　网络市场与网络消费者

市场营销者要解决的核心问题是：消费者对企业运用的各种营销手段做出何种反应？外界刺激由两部分组成，一部分是市场营销刺激，另一部分是环境刺激。市场营销刺激由市场营销策略的产品、价格、分销和促销构成；环境刺激由政治、经济、社会和技术等构成。外界刺激进入消费者心中，与消费者的心理因素发生作用，形成消费者购买行为。消费者购买行为包括可以观察到的买了什么、何时购买、何地购买以及购买的频率等。影响消费者心理的因素是一个比较难确定的方面，但它决定着消费者的购买行为。因此，确定影响消费者心理的因素是营销调研的一个重要方面。影响消费者心理的因素由两部分构成，分别为影响消费者行为的因素和消费者的购买决策过程。

一、影响消费者行为的因素

消费者购买行为主要受文化、社会、个人和心理因素的影响。营销人员难以控制这些因素，但他们必须考虑这些因素。

▶ 1. 文化

文化是在一定的物质、社会、历史传统基础上形成的价值观念、道德、信仰、思维和行为方式的综合体。大多数人尊重自己的文化，接受自身文化中共同的价值观、道德规范和风俗习惯。因此，文化会深刻地影响消费者的购买行为。文化包括亚文化和社会阶层两个方面。亚文化是在大的文化背景下的一些局部的文化，包括民族亚文化、宗教亚文化、种族亚文化和地域亚文化等。社会阶层是社会中按照层次排列的、具有同质性和持久性的群体，每个社会都会存在这样的社会等级结构。同一阶层的人在生活习惯、消费水平、消费内容和价值观念方面比较相近，从而有相似的购买行为。

▶ 2. 社会

社会因素主要包括相关群体、家庭角色和地位，这些因素都会影响消费者的购买行为。相关群体是指对个人的态度、意见和行为有直接或间接影响的人，分为成员群体和参照群体。个人所从属且受到直接影响的群体称为成员群体；参照群体是个人态度或行为形成过程中直接或间接参照的对象。家庭对一个人的消费行为也有重要的影响，一个人或者受其出生家庭的影响，或者受其后来家庭的影响。个体在不同环境中扮演不同的角色，人们通常选择适合自己角色和地位的产品。

▶ 3. 个人

消费者行为受到消费者的年龄与生命周期、职业、经济状况、个性与自我观念等个人因素的影响。不同年龄的消费者在购买需求方面差别很大，购买过程也有所不同。职业和受教育程度对消费者的消费方式影响也比较大，不同职业和不同受教育程度的消费者的消费方式有所不同。个人经济状况对消费者的购买行为有直接影响，它是决定购买行为的首要因素。生活方式是个人表达自己心理的一种生活模式，个性是导致个人对自身环境做出相对稳定和持久反应的独特的心理特征，个性和生活方式是分析消费者行为的有用变量。

▶ 4. 心理

人的一般心理过程分为动机、感知、学习、信念和态度。动机是当目标符合人的需要时激发出来的动力。根据马斯洛需求层次理论，人类的需求是分层次排列的，分别为生理需求、安全需求、社会需求、尊重需求和自我实现需求。通过视觉、听觉、嗅觉、触觉和味觉，人们感觉到来自周围的信息；通过对信息的收集、整理以及解释，形成了知觉。在形成知觉的过程中由于选择性的存在，相同刺激对不同人有不同的知觉。选择性关注，人们常常忽略他们所接触到的大多数信息；选择性曲解，人们倾向于选择符合自己意愿的方式理解信息。选择性记忆，在进行记忆时，只记住那些符合自己的态度和信念的信息。学习是指由经验引起的个人行为的改变。学习分为经典条件反射、操作性条件反射、认知学习和社会学习。信念是个人对事物持有的具体看法；态度是个人对事物或观念相对稳定的评价、感觉和偏好。

二、网络消费者购买决策过程

消费者的购买行为还会受到购买决策行为类型和购买决策过程的影响。按照购买者介入度和品牌之间的差异度可以将购买决策行为区分为复杂的购买行为、降低失调的购买行为、习惯性购买行为和寻求多样化购买行为。当消费者初次购买价值大、品牌差异大的产品时，往往要经历一个复杂的购买行为。由于对这类产品不熟悉，消费者在购买时往往会经历一个完整的决策过程。当消费者购买品牌差异不大，但参与程度较高时，一般会产生寻求和谐的购买行为．在购买后消费者容易出现因发现所购商品的缺点或其他商品优点的不协调感。当消费者购买价值小、品牌差异大的商品时，则表现为多变型购买行为。消费者在购买这一类商品时经常更换品牌。当消费者购买价值小、品牌差异小的商品时会产生习惯性购买行为。购买这类商品时，消费者根据经验或习惯购买。

消费者购买决策一般要经历确认需要、信息收集、评价方案、决定购买和购后行为五个过程。一般类型的购买行为可能只会经历这五个步骤中的几个步骤。确认需要中的"需要"是指理想状态与现实状态的差距，需要可以由内部刺激产生，比如饥饿、口渴，也可以由外部刺激产生，比如看广告。消费者收集信息的来源有：个人来源，如朋友、家人、同事、邻居；商业来源，如广告、销售人员、商品包装、说明书；公众来源，如网站、报纸、杂志；经验来源，即自己亲自去尝试、使用。评价方案涉及价值判断和事实判断两个方面。价值判断就是某个产品哪个属性是重要的和哪个属性是不重要的判断；事实判断就是具体商品在某一属性上的表现，消费者通过精确计算和逻辑思考进行产品的评价。决定购买指根据方案评价就可以做出购买决策，在某些情况下，比如其他人的态度的影响或意外情况发生时，消费者可能会改变决策。购后行为包括：如果产品主观感知等于预期，消费者满意；如果产品主观感知小于预期，消费者不满意，不满意的消费者不会再购买，同时会告诉其他熟悉的人。

任 务 三　网络市场调研的实施

网络市场调研与传统的调研一样，应遵循一定的方法步骤，在网络市场营销调研中，界定调研的问题、设计调研方案、设计数据收集方法之后，就要开始调研的实施。

一、确定调研的必要性

在什么情况下要进行市场调研，以做出有效的决策，对企业的发展非常重要。一般在下列情况下，营销调研是不必要的：当可用的信息已经存在，即对于特定的问题根据已有的信息已经可以做出有效的决策；没有足够的时间，某些营销问题需要迅速决策，而营销调研往往周期比较长；没有足够的资源，营销调研的成本主要是时间和资金，有些企业并不愿意消耗大量的时间和资金在营销调研上；成本高于信息的价值，如果得到信息的价值低于消耗的成本，企业没有必要进行营销调研。

二、界定调研的问题

症状，即企业营销中，表面上遇到什么样的问题；症结，即企业真正出了什么问题导致症状的产生；备择方案，即用什么样的手段能够解决症结；假定，即某一备择方案的后果是什么；测量问题，即备择方案的后果确定是否能发生，有没有证据能证明，如果没有就需要测量，以证明备择方案后果是否会发生；管理决策，即根据调研结果进行决策。

三、设计调研方案

设计调研方案涉及确定调研的类型和根据调研的类型确定计划方案。下面详细介绍以下两种调研的类型。

▶ 1. 探索性调研

探索性调研，一般是在调研专题不太明确时，为了了解问题，确定调研调查，通过这种调研，可以了解情况。其目的是探索，通常是为了获得有关研究问题的背景资料，在项目开始时对调研主题知道很少时使用。探索性调研是为了界定问题的性质以及更好地理解问题的环境而进行的小规模的调研活动。其特别有助于把一个大而模糊的问题表达为小而精确的子问题以使问题更明确，并识别出需要进一步调研的信息（通常以具体的假设形式出现）。

进行探索性调研最经济、最快速的方法是通过二手资料。可从现有资料，如人口统计资料、公开发布的调查、公司的内部记录等资料中获取。

▶ 2. 描述性调研

描述性调研是一种常见的项目调研，是指对所面临的不同因素、不同方面现状的调查研究，其资料数据的采集和记录，着重于客观事实的静态描述。大多数的营销调研都属于描述性调研。例如，对市场潜力和市场占有率、产品的消费群结构、竞争企业的状况的描述。在描述性调研中，可以发现其中的关联因素，但是，此时我们并不能说明两个变量哪个是因、哪个是果。与探索性调研相比，描述性调研的目的更加明确，研究的问题更加具体。

描述性调研，正如其名，处理的是总体的描述性特征。描述性调研寻求对"谁""什么""什么时候""哪里"和"怎样"这样一些问题的回答。不像探索性调研，描述性调研基于对调研问题性质的一些预先理解。尽管调研人员对问题已经有了一定理解，但对决定行动方案必需的事实性问题作出回答的结论性证据，仍需要收集。

选择适当的调研类型，根据调研的类型确定数据收集、问卷设计、样本选择、数据分析和预算、进度安排等计划方案。

四、设计数据收集方法

在确定调查方案后，市场调研人员即可通过电子邮箱向互联网上的个人主页、新闻组或者邮箱清单发出的相关查询，进入收集信息阶段。与传统的调研方法相比，网络调研收集和录入信息更方便、快捷。

数据根据来源分，主要分为一手数据和二手数据。一手数据是为了本次研究而直接收集的数据；二手数据是为了别的目的而收集的数据。二手数据可以通过企业内部运行存储的数据以及企业外部的政府普查数据、商业年鉴、专业性报纸杂志、计算机数据库和辛迪加数据等来收集。一手数据又分为定性数据和定量数据，定性数据的收集方法有焦点小组访谈、深度访谈、投射技术和观察法；定量数据的收集方法有入户调查、购物中心拦截访问、电话访问、计算机操控访问以及留置调查等。

五、问卷设计

调查问卷的内容是根据调研内容设计的，需要调查什么变量就设计什么样的问题。一般情况下，一个完整的问卷包含以下三种类型的变量。

▶ 1. 属性变量

属性变量是被调查者的人口统计变量，包含性别、年龄、文化程度、职业等。行为变量是反映被调查者购买行为的变量，包括购买什么、什么时候购买、在哪里购买、购买的频率、怎样购买等。

▶ 2. 态度变量

态度变量包括三个因素，分别为信念、情感和行为。信念是被调查者对所持产品的看法，包括价值判断，即产品属性的重要性和事实判断即产品在各属性上的实际表现；情感是被调查者由于产品满足自己需要而激发的喜欢或者不喜欢的主观感受；行为是购买的倾向性，即是否有购买的倾向。

调查问卷的基本结构包括介绍信、填答说明、问题和结束语。介绍信是在问卷最开头写的一个说明信,要求写清楚调查人员的单位、调研的目的和意义及调研的方法。填答说明要求介绍清楚被调查者如何填写问卷,可以指导被调查者完成调查问卷的填答。问题和回答是调查问卷的主体。结束语要求对被调查者感谢,同时要问询一下被调查者对调查问卷的感受。

问题的措辞是设计问卷时要注意的一个方面。问题的措辞一方面要求避免晦涩难懂,同时要求避免调查者的观点影响被调查者的回答。避免晦涩难懂是指要求问题尽量使用简单句,避免双重提问,避免多重疑问句、多重否定句。避免调查者的观点影响被调查者是指要求注意从众效应和权威效应,并注意避免断定语句、引导语句、假设语句。

问题的顺序是设计问卷要注意的另一个问题。在与被调查者沟通时,问卷是沟通的重要工具之一,所以要先易后难,要让被调查者能够读懂同时愿意集中注意力回答下去。一般问题的顺序是开始是一个甄别问句以甄别被调查者是否有资格回答问题;其次是一些简单的问句,问一些关于消费者行为方面的问题;接下来是转折问句,用来提醒被调查者下面的问句比较难回答;然后是比较难的问句,一般让被调查者回答一些态度方面的问题;最后是被调查者隐私方面的问题,问一些被调查者人口统计变量方面的问题,以保护被调查者的隐私。

网络问卷调研是一种成本低、高效的调研工具,可以帮助我们方便地进行数据收集,实时地了解调研结果。

六、样本设计

对于大规模的定量调研来说,普查费事费力而且成本昂贵,所以必须进行抽样。抽样是从总体中抽出样本以估计总体特征的一种方法。抽样分为概率抽样和非概率抽样。概率抽样是总体中的每个样本被抽中的概率已知;概率抽样是总体中的每个样本被抽中的概率未知。

概率抽样方法总共有简单随机抽样、系统抽样、整群抽样和分层抽样四种。简单随机抽样以随机的方式从总体中抽出需要的样本数,每一个样本被抽中的概率相同。系统抽样需要确定抽样间隔和随机起点,在第一个抽样间隔内随机抽取一个样本,其余样本为第一个随机数加抽样间隔。整群抽样首先将总体分成相等的群体,然后随机的抽取一个或几个群体作为样本。分层抽样用于总体可以明显分成几个不同群体的情况,在每个群体中分别进行随机抽样。

非概率抽样方法有便利抽样、判断抽样、推荐抽样和配额抽样四种。便利抽样以调查人员方便的方式进行抽样,碰见谁调查谁,通常样本代表性不足。判断抽样是调查人员根据主观判断来判断被调查者是否适合抽样,由于回避一些不愿意接触人群,样本代表性不足。推荐抽样用于总体情况不清楚,只能找到可数样本的情况,由一个被调查者来推荐其他的被调查者,所以又被形象地称为滚雪球抽样。配额抽样是最接近随机抽样的方法,通常由调研公司说明每位调查人员需要调查的被调查者的类型和数量,调查人员根据这些条件寻找被调查者进行调研。

七、分析整理数据,解释结果

收集得来的信息本身并没有太大意义,只有进行整理和分析后信息才变得有用。通过调研收集的数据需要经过整理、编码、录入、分析和解释得到有关调研内容的信息。数据整理就是将回答不完整的、答案有明显错误的、答卷回答模糊的问卷进行挑选和补救，以确保原始数据的准确性。编码是对一个问题的几个答案确定数字代码，以利于问题答案的录入。录入就是将原始数据根据编码录入为计算机文件。分析就是利用统计软件将录入计算机的数据进行分析，以得到想要的信息。分析通常有描述分析、推断分析、差异分析、相关分析和预测分析等。解释是在数据分析基础上找出信息之间或手中信息与其他已知信息的联系，从所收集的数据中获得结论，以回答数据为什么是这样的。

整理和分析信息这一步非常关键，需要使用一些数据分析技术，如交叉列表分析技术、概况技术、综合指标分析和动态分析等。目前国际上较为通用的分析软件有 SPSS、SAS、BMDP、MINITAB 和电子表格软件。

八、沟通研究结果，形成报告

这是整个调研活动的最后一个重要阶段。沟通研究结果主要分书面报告和口头报告两种，高质量的调研报告要传递正确的信息。书面报告是一份正式的报告，要求详细地记录调研的过程、调研的结果以及调研的建议。通常一份书面报告包括前言部分、正文部分和结尾部分。前言部分由封面、目录、摘要组成；正文部分由引言、调研的方法、调研的结论和调研的建议组成；结尾部分由附录构成。报告不能是数据和资料的简单堆积，调研人员不能把大量的数字和复杂的统计技术扔到管理人员面前。正确的做法是把与营销决策有关的主要调查结果遵循所有有关组织结构、格式和文笔流畅的写作原则形成报告。

由于书面报告通常冗长、专业性强而难以看懂，调研委托方很少有时间仔细研究书面报告。在这种情况下，就需要调研方准备口头报告以汇报调研成果。口头报告的目的主要是简明扼要地展示信息，同时进行提问和讨论问题。所以口头报告要用简单且有视觉冲击力的方法将重点的信息展示出来，同时做好答辩的准备。

知识拓展

电信固定移动台市场调查问卷

您好！我们大学生科技创业者协会正在为电信固定移动台做一个市场调查。为了更好地了解大庆地区人民对固定移动台的了解与需求，完善大庆通信网，我们特地展开了此次调查活动。希望您在百忙之中抽出一点宝贵的时间，协助我们完成以下这份调查问卷，您的意见对我们很重要。谢谢您的合作！

1. 您家里是否使用座机？
A. 是　　　　　　　　　　B. 否
2. 您的电话业务多吗？以什么居多？
A. 市话　　　　　　　　　B. 长途
3. 您每个月的话费大约是多少？
4. 您认为话费支出多少合理？
5. 您认为最合适的收费方案是什么？
6. 用座机打电话有什么不方便的地方吗？
7. 您用过无线座机吗？
8. 您是否希望用座机发短信、上网？
9. 您最注重手机的什么功能？

10. 您觉得手机辐射对您的影响大吗？

11. 您心中最理想的电话是什么样的？

12. 您认为固定移动台最吸引您的地方是什么？

对于您所提供的协助，我们表示诚挚的感谢！为了保证资料的完整与翔实，请您再花一分钟翻一下自己填过的问卷，看看是否有错填、漏填的地方。谢谢！

调查时间：　　　　　　　　　　调查地点：

调查对象：　　　　　　　　　　调查人员：

思考练习

1. 市场调研的基本步骤有哪些？

2. 二手数据收集主要有哪些方法？

3. 概率抽样、非概率抽样各有哪些方法？

4. 设计问卷应注意什么问题？

综合实训

实训目的：了解市场调查的流程。

实训内容：综合利用市场调研技能，分析调研内容，撰写调研计划，设计调研问卷，编写调研报告。

实训要求：通过对网店某些因素的分析，帮助网店找到改进的方法，锻炼市场调研的技能。

实训条件：计算机房，提供网络环境。

实训操作：

(1) 查找二手数据，通过各大网站、网店内部、其他的数据来源进行探索性调研。

(2) 确定调研内容，利用定性调研技巧，确定需要什么样的信息支持决策。

(3) 编写调研计划，根据调研内容，确定调查方法、抽样方法和问卷以及时间和资金。

(4) 设计调查问卷，根据调研内容设计调查问卷。

(5) 展开调研，根据调研计划展开实地调查。

(6) 对回收数据进行整理、编码、录入和分析。

(7) 编写调研报告以支持决策。

3 项目三
网络营销搜索引擎优化专员岗位技能

知识要点

搜索引擎的概念；搜索引擎优化在网络营销中的地位；搜索引擎优化的基本方法；搜索引擎效果的数据指标。

技能要点

搜索引擎网络营销使用流程；搜索引擎优化的方法应用；搜索引擎优化的效果分析。

引例

分析搜索引擎优化的新方向

百度算法不断更新，网站SEO优化也越来越难做，关键词排名跌宕起伏，作为搜索引擎优化专员的我们需要的是不断试错，不断加强我们的优化技巧，不断了解百度的算法，那么当前SEO优化有哪些新方向呢？

1. 高质量内容建设

这一点在百度算法是不会变的，而且是尤为重要的是，内容是网站建设质量的核心。不管是用户还是百度搜索引擎，高质量的内容都是受喜欢的。但是高质量内容是不是就是原创的内容呢？其实很多人认为，文章只要是原创内容就可以，但并不是这样的，原创文章≠高质量内容，百度搜索引擎和用户既喜欢有高质量内容的又是原创而具有唯一性的文章，这样的文章才算是一篇好文章。

2. 网站布局是否符合用户体验

只要是用户喜欢，百度必定会收录你的站点，当然还包括网站的一些架构，百度蜘蛛还没有高级到可以识别flash、视频等这样的网站内容，所以这一块依旧是需要被重视的。如果过多地使用这样的内容，网站很难被百度蜘蛛收录。在网站建设的过程中，我们要做

29

出利于用户体验的网站以及百度喜爱的网站。

3. 移动站慢慢成为主流

现在移动站的优化是必定要被重视的一块，目前移动互联网流量已经超越了 PC 站点，所以移动端的用户体验也要做足，PC 端与移动端要齐头并进。

4. 空间服务器

网站的打开速度也影响到用户体验，所以根据网站的流量来选一个好的服务器，对优化也是一个重要的因素。

5. 垃圾外链不具有优化作用

做优化的人都知道"外链为皇，内链为王"这句话。在前些年，很多人都在各大论坛发布外链，但是现在这样做并无意义。发外链要选对地方，我们要找的是相关度高、权重高的地方发外链，并且发外链不是复制粘贴，百度才会给你排名。一定要是高质量原创内容，且具有唯一性才行。所以很多做优化的是不是都是一天发五六十篇呢？这样做并没有意义，百度不会喜欢那样的内容，即使被收录了，也只会有适得其反的效果。

（资料来源：匿名.分析 2016 年搜索引擎优化的新方向[EB/OL]. http://b2b.toocle.com/detail--6309319.html, 2016-1-29/2016-12-16）

分析：以上信息告诉我们，在搜索引擎优化中，细节决定一切，优于用户体验的网站是百度与用户喜欢的。同时可以看出，搜索引擎优化专员应该了解网站推广的基础知识，能够理解搜索引擎营销和优化的流程，掌握搜索引擎营销和优化的实践操作，以及搜索引擎数据的分析。

任务一 搜索引擎基础知识

在互联网发展初期，网站相对较少，信息查找比较容易。随着互联网信息的爆炸式增长，普通网络用户要想找到所需的资料如同大海捞针，为满足普通大众信息检索需求的专业搜索网站便应运而生了。

一、搜索引擎的定义

搜索引擎是指根据一定的策略、运用特定的计算机程序从互联网上搜集、组织和处理信息，然后根据用户检索信息的需求为用户提供检索、展示等服务的系统。该系统以网站的形式提供给用户使用。

二、搜索引擎的分类

根据搜索工作方式的不同，搜索引擎分为全文索引搜索引擎、目录索引搜索引擎、元搜索引擎。

▶ **1. 全文索引搜索引擎**

全文索引搜索引擎是利用技术提取互联网各个站点的信息并存储到数据库中，根据用户查询条件，检索与之匹配的记录，并按一定排列顺序将记录结果显示给用户。

▶ 2. 目录索引搜索引擎

目录索引搜索引擎是按内容进行分类，以指定的目录形式显示给用户，通常是显示网站的链接列表。

▶ 3. 元搜索引擎

元搜索引擎，又称多搜索引擎，是同时在多个搜索引擎上对用户的查询条件进行搜索，在同一个用户界面上将合适的结果显示给用户。

三、搜索引擎的作用

搜索引擎的作用体现在，它是网站建设中针对用户使用网站的便利性所提供的必要功能，同时也是研究网站用户行为的一个有效工具。高效的站内检索可以让用户快速准确地找到目标信息，从而更有效地促进产品/服务的销售，而且通过对网站访问者搜索行为的深度分析，对于进一步制定更为有效的网络营销策略具有重要价值。

四、搜索引擎的组成

搜索引擎的组成一般包括搜索器、索引器、检索器和用户接口四个部分。其中，搜索器的功能是在互联网中漫游，发现和搜集信息；索引器的功能是理解搜索器所搜索到的信息，从中抽取出索引项，用于表示文档以及生成文档库的索引表；检索器的功能是根据用户的查询在索引库中快速检索文档，进行相关度评价，对将要输出的结果排序，并能按用户的查询需求合理反馈信息；用户接口的功能是接纳用户查询、显示查询结果、提供个性化查询项。

五、搜索引擎的使用方法

搜索引擎的使用方法包括简单查询和高级查询。

▶ 1. 简单查询

简单查询就是在搜索引擎中输入关键词，然后点击"搜索"就行了，系统很快会返回查询结果，这是最简单的查询方法，使用方便，但是查询的结果不准确，可能包含许多无用的信息。这也是大多数用户使用的方法。

▶ 2. 高级查询

高级查询的具体内容很多，主要包括以下几个方面的查询：

（1）双引号（""）。给要查询的关键词加上双引号（半角，以下要加的其他符号同此），可以实现精确的查询，这种方法要求查询结果要精确匹配，不包括演变形式。例如，在搜索引擎的文字框中输入"电传"，它就会返回网页中有"电传"这个关键词的网址，而不会返回诸如"电话传真"之类的网页。

（2）使用加号（＋）。在关键词的前面使用加号，也就等于告诉搜索引擎该单词必须出现在搜索结果中的网页上。例如，在搜索引擎中输入"＋电脑＋电话＋传真"就表示要查找的内容必须要同时包含"电脑""电话""传真"这三个关键词。

（3）使用减号（－）。在关键词的前面使用减号，也就意味着在查询结果中不能出现该关键词，例如，在搜索引擎中输入"电视台－中央电视台"，它就表示最后的查询结果中一定不包含"中央电视台"。

（4）通配符（＊和?）。通配符包括星号（＊）和问号（?），前者表示匹配的数量不受限制，后者表示匹配的字符数要受到限制，主要用在英文搜索引擎中。例如输入 computer＊，就可以找到 computer、computers、computerised、computerized 等单词，而输入 comp? ter，则只能找到 computer、compater、competer 等单词。

（5）使用布尔检索。所谓布尔检索，是指通过标准的布尔逻辑关系来表达关键词与关键词之间逻辑关系的一种查询方法。这种查询方法允许用户输入多个关键词，各个关键词之间的关系可以用逻辑关系词来表示。

and，称为逻辑"与"，用 and 进行连接，表示它所连接的两个词必须同时出现在查询结果中。例如，输入"computer and book"，它要求查询结果中必须同时包含 computer 和 book。

or，称为逻辑"或"，它表示所连接的两个关键词中任意一个出现在查询结果中就可以，例如，输入"computer or book"，就要求查询结果中可以只有 computer，或只有 book，或同时包含 computer 和 book。

not，称为逻辑"非"，它表示所连接的两个关键词中应从第一个关键词概念中排除第二个关键词，例如输入"automobile not car"，就要求查询的结果中包含 automobile（汽车），但同时不能包含 car（小汽车）。

near，它表示两个关键词之间的词距不能超过 n 个单词。

在实际的使用过程中，你可以将各种逻辑关系综合运用，灵活搭配，以便进行更加复杂的查询。

（6）使用元词检索。大多数搜索引擎都支持"元词"（metawords）功能，依据这类功能用户把元词放在关键词的前面，这样就可以告诉搜索引擎你想要检索的内容具有哪些明确的特征。例如，你在搜索引擎中输入"title：清华大学"，就可以查到网页标题中带有清华大学的网页。在键入的关键词后加上 . org，就可以查到所有以 . org 为后缀的网站。其他元词还包括：image，用于检索图片；link，用于检索链接到某个选定网站的页面；URL，用于检索地址中带有某个关键词的网页。

（7）区分大小写。这是检索英文信息时要注意的一个问题，许多英文搜索引擎可以让用户选择是否要求区分关键词的大小写，这一功能对查询专有名词有很大的帮助。例如，Web 专指万维网或环球网，而 web 则表示蜘蛛网。

（8）特殊搜索命令。intitle：是多数搜索引擎都支持的针对网页标题的搜索命令。例如，输入"intitle：家用电器"，表示要搜索标题含有"家用电器"的网页。

随着互联网的发展，网上可以搜索的网页变得越来越多，而网页内容的质量亦变得良莠不齐，没有保证。所以，未来的搜索引擎将会朝着知识型搜索引擎的方向发展，以期为搜索者提供更准确适用的数据。

六、搜索引擎优化

搜索引擎优化是为提高网站在有关搜索引擎中的自然排名，针对有关搜索引擎的搜索规则对网站进行合理再设计的方法。

▶ 1. 搜索引擎优化的类型

根据优化对象，搜索引擎优化分为网站内部优化和网站外部优化。

（1）网站内部优化。网站内部优化包括以下几个方面：

① Meta 标签优化，如 title、keywords、description 等的优化。

② 内部链接的优化，包括相关性链接（Tag 标签）、锚文本链接、各导航链接及图片链接。

③ 网站内容更新，每天保持站内的更新（主要是文章、商品信息的更新等）

（2）网站外部优化。网站外部优化包括以下几个方面：

① 外部链接类别很多，如博客、论坛、B2B、新闻、分类信息、贴吧、知道、百科、相关信息网等，尽量保持链接的多样性。

② 外链运营保持持续性，即保持一定周期内添加一定数量的外部链接，使关键词排名稳定提升。

③ 外链选择时，与一些和你的网站相关性比较高、整体质量比较好的网站交换友情链接，巩固稳定关键词排名。

搜索引擎优化需要跟上当下时代的潮流，用潮流的思想带动网站优化的效果。首先选择目标网站；然后跟着论坛和热点走；接着追随微博"分享者"，持续进行。

▶ **2. 搜索引擎优化需要掌握的技术知识**

搜索引擎优化需要掌握以下技术知识。

（1）网站 URL。网站创建具有良好描述性、规范、简单的 URL，有利于用户更方便地记忆和判断网页的内容，也有利于搜索引擎更有效地抓取你的网站。网站设计之初，就应该有合理的 URL 规划。

处理方式如下：

① 在系统中只使用正常形式的 URL，不让用户接触到非正常形式的 URL。

② 不把 session id、统计代码等不必要的内容放在 URL 中。

③ 针对不同形式的 URL，301 永久跳转到正常形式。

④ 防止用户输错而启用的备用域名，301 永久跳转到主域名。

⑤ 使用 robots.txt 禁止 Baiduspider 抓取你不想向用户展现的形式。

（2）title 信息。网页的 title 用于告诉用户和搜索引擎这个网页的主要内容是什么，而且当用户在百度网页搜索中搜索到你的网页时，title 会作为最重要的内容显示在摘要中。搜索引擎在判断一个网页内容权重时，title 是主要参考信息之一。

处理建议如下：

① 首页：网站名称或者网站名称 _ 提供服务介绍 or 产品介绍。

② 频道页：频道名称 _ 网站名称。

③ 文章页：文章 title _ 频道名称 _ 网站名称。

需要注意以下几点：

① 标题要主题明确，包含这个网页中最重要的内容。

② 简明精练，不罗列与网页内容不相关的信息。

③ 用户浏览通常是从左到右的，重要的内容应该放到 title 的靠前的位置。

④ 使用用户所熟知的语言描述。如果有中、英文两种网站名称，尽量使用用户熟知的那一种作为标题描述。

（3）meta 信息。meta description 是 meta 标签的一部分，位于 html 代码的＜head＞区。meta description 是对网页内容的精练概括。如果 description 描述与网页内容相符，

百度会把 description 当作摘要的选择目标之一，一个好的 description 会帮助用户更方便地从搜索结果中判断你的网页内容是否和需求相符。meta description 不是权值计算的参考因素，这个标签存在与否不影响网页权值，只会用作搜索结果摘要的一个选择目标。

处理建议：

① 网站首页、频道页、产品参数页等没有大段文字可以用作摘要的网页最适合使用 description。

② 为每个网页创建不同的 description，避免所有网页都使用同样的描述。

③ 长度合理，不过长或过短。

（4）图片 alt。一般为图片加 alt 说明。因为这样做可以在网速较慢图片不能显示时让用户明白图片要传达的信息，也能让搜索引擎了解图片的内容。同理，使用图片做导航时，也可以使用 alt 注释，用 alt 告诉搜索引擎所指向的网页内容是什么。

（5）flash 信息。Baiduspider 只能读懂文本内容，flash、图片等非文本内容暂时不能处理，放置在 flash、图片中的文字，百度无法识别。所以如果一定要使用 flash，建议给 object 标签添加注释信息。这些信息会被看作是对 flash 的描述信息，让搜索引擎更好地了解您 flash 的内容。

（6）frame 框架。不建议使用 frame 和 iframe 框架结构，通过 iframe 显示的内容可能会被百度丢弃。

七、搜索引擎营销

搜索引擎营销是分析用户使用搜索引擎检索信息的行为，在用户获取信息时有目的地将营销信息传递给目标用户的营销方式，是利用搜索引擎优化方法实现网络营销。

搜索引擎优化是一种方法，搜索引擎营销是一种网络营销方式。

由于使用搜索引擎获取信息成为广大用户的行为习惯，利用搜索引擎优化成了网络营销的关键手段，它能够使网站通过快速为用户认知、访问浏览、成为会员、促成交易等达到网络营销的目的。

搜索引擎营销的最主要工作是扩大搜索引擎在营销业务中的比重，通过对网站进行搜索优化，挖掘企业的潜在客户，帮助企业实现更高的转化率。

当前，搜索引擎营销被越来越多的企业所接受并认可，品牌企业开始加大对搜索引擎营销的投入，但开展搜索引擎营销的企业两极分化越来越严重。

搜索引擎目前仍然是最主要的网站推广手段之一，尤其基于自然搜索结果的搜索引擎推广，到目前为止仍然是免费的，因此受到众多中小网站的重视，搜索引擎营销方法也成为网络营销方法体系的主要组成部分。

搜索引擎推广是基于网站内容的推广，这就是搜索引擎营销的核心思想。网站内容不仅是大型 ICP 网站的生命源泉，对于企业网站网络营销的效果同样是至关重要的。因为网站内容本身也是一种有效的网站推广手段，只是这种推广需要借助于搜索引擎这个信息检索工具，因此网站内容推广策略实际上也就是搜索引擎推广策略的具体应用。

搜索引擎营销要做好，可以归纳为选择搜索引擎营销的策略、确定搜索引擎目标、确定关键词计划、管理竞价、优化网站内容、确定标准、搜索引擎营销工具、报告标准评测的结果八大环节。

八、常用的搜索引擎网站使用方法

▶ 1. 浏览常用的搜索引擎网站

（1）百度。打开浏览器，在浏览器地址栏中输入百度的网址 https：//www.baidu.com，如图 3-1 所示。

图 3-1　百度首页

（2）搜狗搜索。在浏览器中新建选项卡，在地址栏中输入搜狗搜索的网址 https：//www.sogou.com，如图 3-2 所示。

图 3-2　搜狗搜索首页

（3）必应。继续在浏览器中新建选项卡，在地址栏中输入必应搜索的网址 http：//cn. bing. com，如图 3-3 所示。

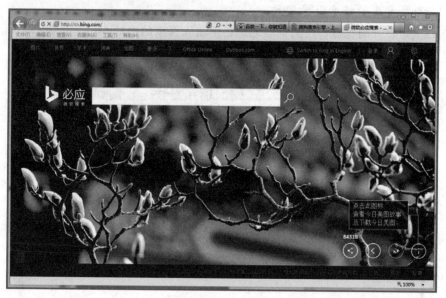

图 3-3　必应首页

使用同样的方法在浏览器地址栏中输入其他搜索引擎的网址，浏览其他搜索引擎网站。其他常用搜索引擎网址如下：

360 搜索：http：//www. so. com；

有道：http：//www. youdao. com；

谷歌：http：//www. google. com。

在以上的页面中输入一个关键词，比如"网络营销"，对比查看搜索结果有什么不同。

▶ 2. 分析各种搜索引擎网站

这里以百度、搜狗搜索和必应为例进行介绍，分析三种搜索引擎的功能。

（1）百度。当前，百度是全球较大的中文搜索引擎之一。百度致力于为用户提供"简单，可依赖"的互联网搜索产品及服务，其中包括以网络搜索为主的功能性搜索，以贴吧为主的社区搜索，针对各区域、行业所需的垂直搜索，电子商务搜索，以及音乐搜索等，全面覆盖了中文网络世界几乎所有的搜索需求。根据第三方权威数据，百度在中国的搜索份额超过 80％。

百度提供的搜索服务产品如图 3-4 所示。

可见，百度提供了人们日常生活中获取吃、住、行、穿等各种信息的搜索服务，体现百度"让人们最平等便捷地获取信息，找到所求"的文化使命。

（2）搜狗搜索。搜狗是中国互联网领先的搜索和其他互联网产品及服务提供商。目前，搜狗搜索结合腾讯独家资源，打造微信搜索，上线本地生活、扫码比价、微信头条等独有搜索服务，第一次实现了真正的差异化竞争，成为中国互联网成长最快的公司之一。

搜狗搜索提供的搜索服务产品如图 3-5 所示。

同样，搜狗搜索也提供了人们日常生活中获取吃、住、行、穿等各种信息的搜索服务，体现搜狗搜索"通过智慧计算帮助每个人快速准确获取有价值的个性化信息和服务"的使命。

图 3-4 百度搜索服务产品

图 3-5 搜狗搜索服务产品

（3）必应。必应是微软推出的国际领先的搜索引擎之一。目前，作为贴近中国用户的全球搜索引擎，必应为中国用户提供网页、图片、视频、词典、翻译、资讯、地图等全球信息搜索服务。

必应提供的搜索服务产品如图 3-6 所示。

可见，必应也为人们提供了全面的搜索服务，但与前两者不同，必应按照搜索内容进行功能分类，体现必应"为中国用户提供了美观、高质量、国际化的中英文搜索服务"的服务目标。

▶ 3. 思考搜索引擎优化与网络营销

由前面对搜索引擎的分析可见，搜索引擎是人们获取互联网信息、满足日常需求的重要途径，事实上，人们早已习惯了使用搜索引擎找到所需信息的网络行为，甚至把搜索引

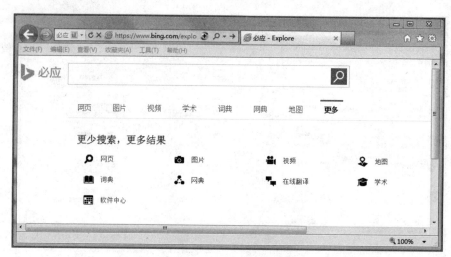

图 3-6　必应搜索服务产品

擎作为互联网信息的入口。那么，作为提供互联网信息的广大服务商，就必然要构建起适用于搜索引擎收录、检索、结果显示等行为的信息内容，也就是针对搜索引擎优化信息内容，即搜索引擎优化，将信息内容通过搜索引擎传递给目标用户，从而达到网络营销的目的。

　　比如，在百度搜索框输入"网络营销教材"，搜索网页结果显示如图 3-7 所示。

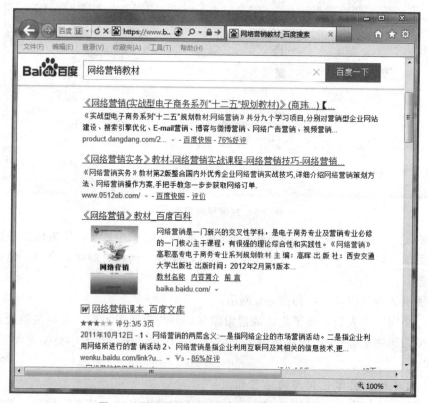

图 3-7　百度搜索"网络营销教材"的网页结果

搜索结果显示，第一个位置是当当网提供的信息内容，而其他同样提供网络营销教材的网站，为什么没有在搜索结果页出现？其中原因之一是在提供同样信息的网站中，当当网更努力地做了针对百度的搜索引擎优化。

任务二　搜索引擎营销流程

一、搜索引擎营销概述

▶ 1. 搜索引擎营销信息

营销信息，即市场营销信息，指一定时间和条件下，与企业的市场营销有关的各种事物的存在方式、运动状态及其对接收者效用的综合反映。营销信息一般通过语言、文字、数据、符号等表现出来。所有的市场营销活动都以信息为基础而展开。

搜索引擎营销信息就是将营销信息应用到搜索引擎中，其形式表现为关键词。

▶ 2. 搜索引擎营销数据

营销数据是指营销过程中形成的信息经过组织处理后形成的反映营销效果的各项指标的综合信息，一般以图和表的方式呈现。

搜索引擎营销数据就是那些反映使用搜索引擎的营销效果的指标信息。不同的搜索引擎，其指标有所不同，如百度站长平台为流量与关键词，百度统计为搜索引擎来源、搜索词、搜索词排名等。

▶ 3. 搜索引擎营销原则

搜索引擎营销的基本思想是让用户使用搜索引擎发现信息，并点击进入网站，进一步了解所需信息。从用户角度出发，搜索引擎营销应注意以下三点：

(1) 注重用户体验，友好使用关键词。关键词的使用与网站内容要一致，避免用户通过关键词获得的不是自己需要的信息，甚至是反感的信息。

(2) 关注用户变化，适时改变关键词。用户对信息世界的认知、判断和理解是不断变化的，需要持续关注用户搜索关键词及行为的变化，在适当的时机调整和改变关键词，作进一步的搜索引擎优化。

(3) 坚持用户互动，持续改进策略。搜索引擎营销是一个没有结束的过程，需要一直坚持关注用户、了解用户、分析用户，从用户角度出发，持续改进搜索引擎营销的策略，作进一步的搜索引擎营销应用。

二、搜索引擎营销流程

▶ 1. 分析并确定营销信息

用户使用搜索引擎是通过输入关键词获取相关信息的，所以搜索引擎营销的第一步是结合营销目标和策略，分析当前用户的搜索行为，确定关键词营销信息。

打开营销策略指定的搜索引擎，进入搜索引擎提供的搜索指数平台，如百度指数（网址：http：//index. baidu. com），如图 3-8 所示。

图 3-8　百度指数平台

分析用户使用关键词的行为，综合分析后制定关键词列表，如表 3-1 所示。

表 3-1　关键词列表

关　键　词	热度（填"是"）			重要性（填"是"）	
	热门	一般	冷门	主要	次要
分析结果　主关键词					
辅关键词					

例如，以"未来电子商务有限公司"为例，根据以下公司描述，分析并制作关键词列表。

未来电子商务有限公司致力于为企业提供从事电子商务各种业务活动的技术和运营服务，如企业网上品牌营销、产品网上营销推广、农业产品入驻互联网经营等全程电子商务服务。

▶ 2. 搜索引擎优化

根据关键词营销信息对网站进行搜索引擎优化。本步骤在任务三有详细介绍。

▶ 3. 提交到搜索引擎

　　将网站首页提交到搜索引擎，便于搜索引擎第一时间发现并收录该网站网页。搜索引擎一般都提供了专业的站长工具供用户使用。为了获得搜索引擎营销数据，还需要加入搜索引擎统计平台，获取实时的搜索情况。

　　以百度为例，进入百度站长平台（网址：http：//zhanzhang.baidu.com），如图 3-9 所示，进入"站点管理"中的"添加站点"，提交网站首页，然后根据提示操作。站长平台中的其他工具可根据帮助文件学习。

图 3-9　百度站长平台

▶ 4. 管理并分析营销数据

　　根据搜索引擎营销时间安排，在搜索引擎站长平台或统计平台上实时跟踪关键词的搜索情况，分析营销数据结果，为搜索引擎营销的进一步改进提出可行的策略。本步骤在任务四有详细介绍。

任务三 搜索引擎优化

一、搜索引擎优化概述

▶ 1. 关键词

关键词是指用户在使用搜索引擎时输入的、能够最大程度地概括用户所要查找的信息内容的字或词，是信息的概括化和集中化，是网页的核心和主要内容。

核心关键词是那些能核心的体现网站所要表达的主题的关键词。核心关键词带来网站的主要流量，一般是 2～4 个字构成的一个词或词组。

长尾关键词是那些非目标关键词但也可以给网站带来搜索流量的关键词。长尾关键词，可以是产品名字、产品名字与价格的组合、产品名字与询问字的一个组合、一个短句等。长尾关键词一般出现在列表页和详情页中。

关键词还包括一些词，比如精准词、高转化率词、拓展词、黑马词、竞品词、提问词等。

关键词密度是同样的关键词在一个网页上出现的总次数与其他文字的比例。关键词密度是搜索引擎优化的一个指标。为了提高在搜索引擎中的自然排名，一个页面的关键词密度不是越高越好，但也不要过低，一般控制在 2%～8% 较为合适。

关键词优化就是要让网站目标关键词在搜索引擎上得到更靠前的排名，让更多的用户都能快速地查找到自己的网站关键词，为网站带来流量。

▶ 2. 网页再设计

网页再设计是对已创建网站的网页进行优化设计，以达到搜索引擎优化的目标。网页再设计一般包括网站目录结构、导航结构、网页结构、网页布局、网页代码、超链接等设计。网页再设计不是一个单一的设计过程，而是贯穿于网站搜索引擎优化的全部过程。

▶ 3. 超链接

超链接是指从网站中的一个网页指向一个目标的连接关系。超链接是用户在获取信息过程中从网页的一个信息点切换到另一个信息点的常用方式。指向目标可以是该网页的另外任何位置，也可以是另一个网页，还可以是一张图像、一个电子邮件地址、一个文件，或者是一个应用程序等。在该网页中用来超链接的对象，可以是文本、各种符号、图像等。

根据超链接对象，网页中的超链接分为文本超链接、图像超链接、框架链接、锚点链接、电子邮件链接、多媒体文件链接、空链接等。

根据超链接地址，网页中的超链接分为绝对 URL 的超链接、相对 URL 的超链接、页内的超链接。

超链接实现了网站内所有网页或其他信息资源的相互连接，也实现了网站与其他网站之间的相互连接，是互联网所有信息资源相互连接的纽带。

二、搜索引擎优化流程

下面以完成一个项目的形式进行搜索引擎优化操作介绍。

本任务以基于源码 ASPCMS 构建起来的"未来电子商务有限公司"网站为项目进行搜索引擎优化的实践。

▶ 1. 关键词优化

关键词优化的具体操作是把任务二确定的关键词按照搜索引擎的规则分布到网站首页、列表页、详情页等页面的不同位置，这些位置包括网站标题、站点关键词、站点描述、链接 title 属性、图片 alt 属性、导航、列表标题等。具体操作如下：

登录网站后台，在"系统设置"中打开"网站信息设置"，在网站标题上适当加入主关键词，如图3-10所示。

同样在"网站信息设置"中，在"站点关键词"和"站点描述"栏适当加入关键词，如图3-11所示。

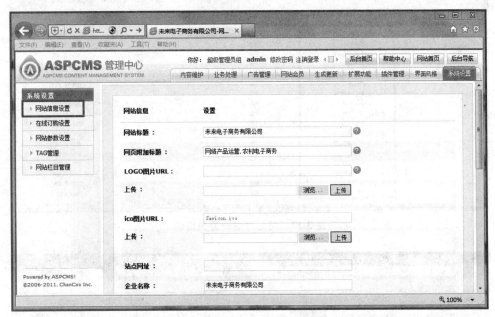

图 3-10　网站标题设置关键词(一)

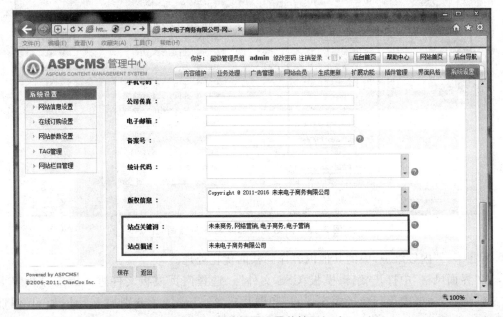

图 3-11　网站标题设置关键词(二)

在"系统设置"中打开"网站栏目管理"，在"分类名称"一栏根据需要加入关键词，如图3-12 所示。

在"内容维护"中打开各项发布内容，在发布标题中根据需要加入关键词，比如打开"公司产品管理"，在"标题"一栏嵌入关键词，如图 3-13 所示，点击"修改"即可把关键词

图 3-12　网站导航设置关键词

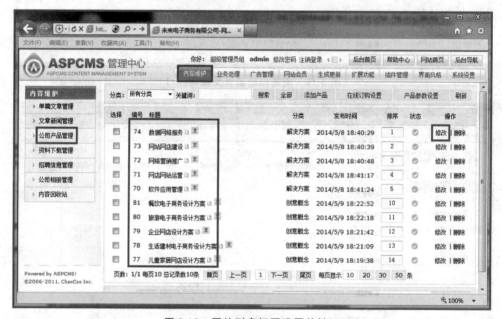

图 3-13　网站列表标题设置关键词

输入标题中。"内容维护"中的其他内容作同样的优化处理。

在"界面风格"中打开"编辑模板/CSS 文件",选择网页模板文件进入编辑模板界面,在"文件内容"一栏中找到链接标签＜a＞和图片标签＜img＞,分别加入 title 和 alt 属性,其属性值中适当地加入关键词。比如进入网站首页"index. html"模板界面,找到链接标签和图片标签,加入关键词,如图 3-14 所示。

▶ 2. 网站结构优化

网站结构优化的具体操作是把网站的网页文件、网页布局、网页代码等设计为搜索引擎友好的结构,包括网址优化、网站地图、网页布局、网页 html 代码优化等。具体操作

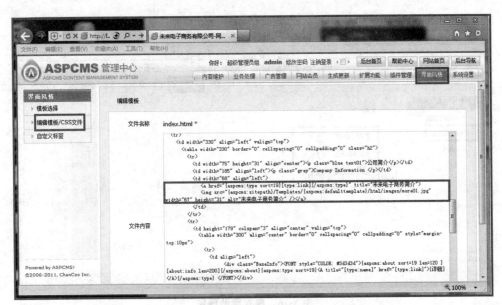

图 3-14　网站链接和图片设置关键词

如下：

登录网站后台，在"生成更新"中打开"HTML 静态生成"，把网站所有页面生成静态 html 网页文件，如图 3-15 所示。生成更新得到的网页网址对搜索引擎来说更为友好。

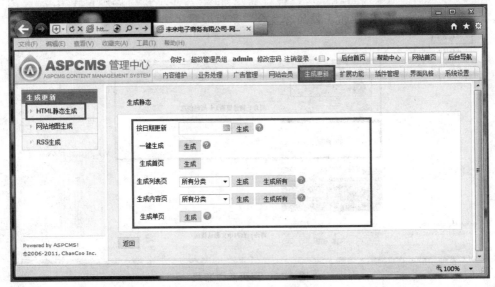

图 3-15　网站网址优化

同样，在"生成更新"中打开"网站地图生成"，生成网站地图，或生成更适合于百度和谷歌的网站地图，如图 3-16 所示。生成的网站地图反映了网站的文件和内容结构，搜索引擎根据站点地图的结构关系能够更准确、更友好地为用户提供精准信息。

在"界面风格"中打开"模板选择"，选择确定网站的整体布局，如图 3-17 所示。一般首页使用"同字型"布局，其他页面使用"左拐角型"或"右拐角型"布局。

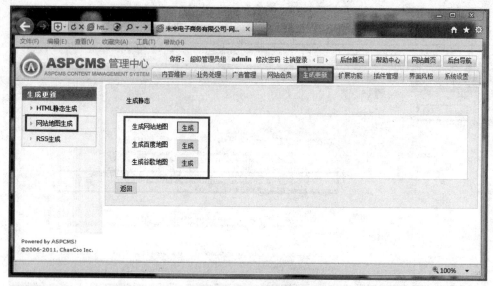

图 3-16　建立网站地图

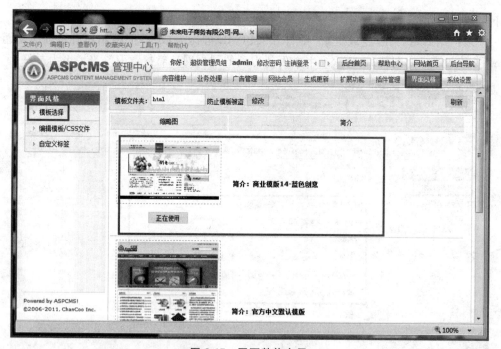

图 3-17　网页整体布局

接下来，在"界面风格"中打开"编辑模板/CSS 文件"，编辑各网页模板的布局或者增删栏目内容，如编辑页面主体的左半部分栏目，则进入 left.html 编辑界面，增加公司联系方式的栏目，如图 3-18 和图 3-19 所示。

网页 html 代码优化是对模板中的代码进行"减肥"，删减不必要出现的代码，尽可能减少代码。一般使用 DIV＋CSS 的代码结构设计网页，如图 3-20 和图 3-21 所示。通常通过代码结构优化达到代码缩减的目的。

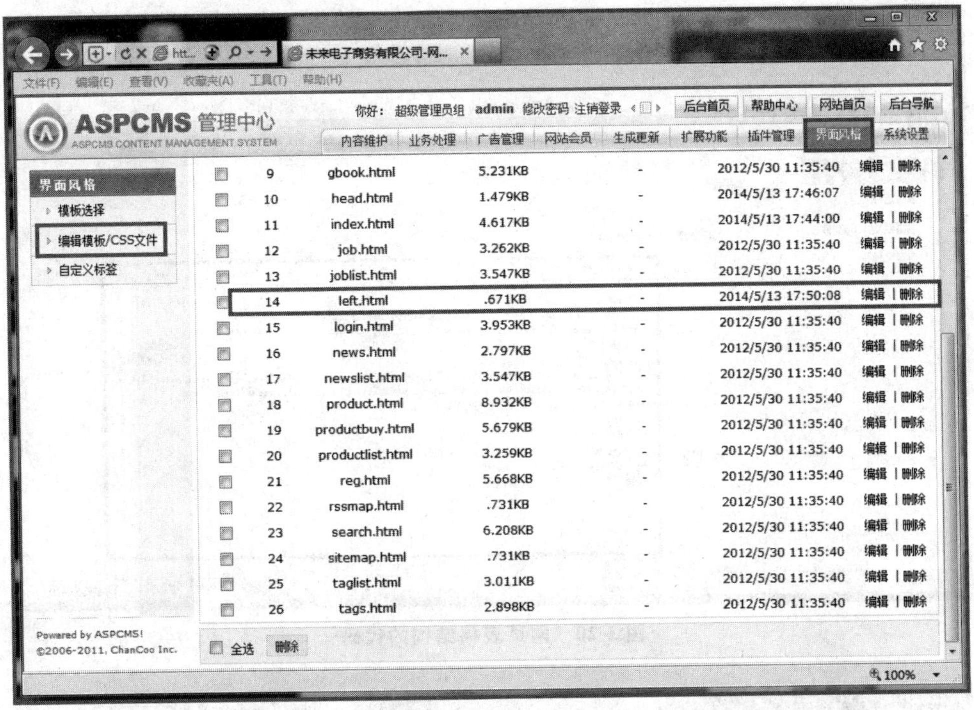

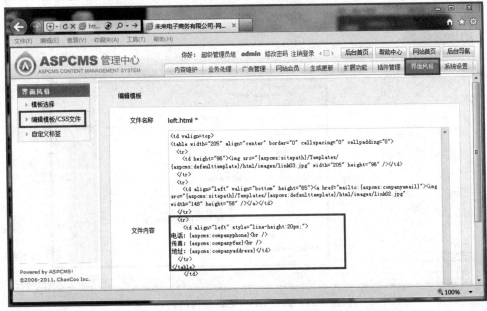

图 3-18 网页模板界面

图 3-19 编辑网页主体左半部分

▶ 3. 链接优化

　　链接优化的具体操作是把网站内外的相关页面通过超链接建立相互连接，形成互联的网站整体，包括站内导航、相关页链接、友情链接、互动外部链接等。具体操作如下：

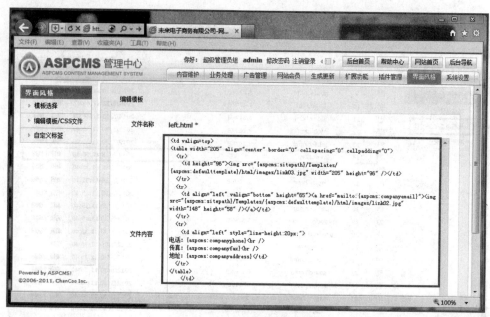

图 3-20　网页表格结构的代码

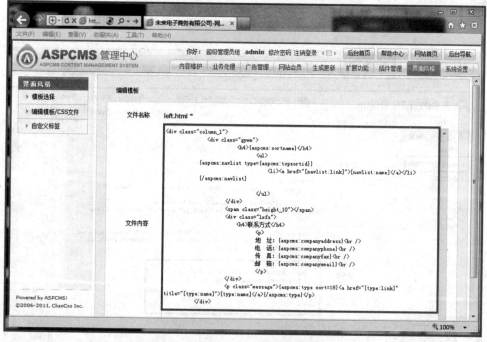

图 3-21　网页 DIV＋CSS 结构的代码

　　登录网站后台，在"系统设置"中打开"网站栏目管理"，理论上导航分类级别不限，但最好只设置两级导航菜单，如图 3-22 所示。一般导航菜单采用文字形式，而非动画。两级导航菜单对搜索引擎是最佳的优化效果。

图 3-22　站内导航菜单优化

同时，在"界面风格"中打开"编辑模板/CSS 文件"，对网站列表页和详情页建立起面包屑导航，在相应页面的 html 代码中加入导航标签，如图 3-23 所示，其导航形式如图 3-24 所示。

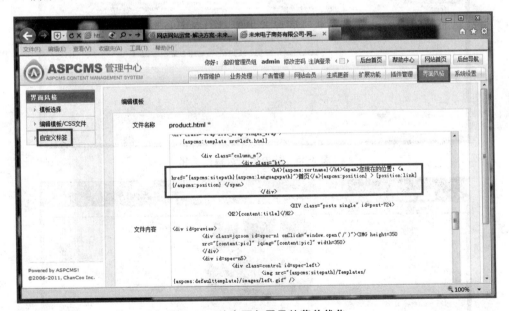

图 3-23　站内面包屑导航菜单优化

接下来在"界面风格"中打开"编辑模板 CSS 文件"，对网站详情页建立起相关页的链接，在详情页的 html 代码中加入相关页链接的标签，如图 3-25 所示，其链接形式如图 3-26 所示。相关页链接形式多样，这里采用的是最弱相关性的前后相关记录方式。

在"扩展功能"中打开"友情链接管理"，在友情链接列表中添加本站到网站的链接，如图 3-27 所示。对于友情链接网站，应选择行业和内容与本站具有强关系的网站。

图 3-24　站内面包屑导航形式

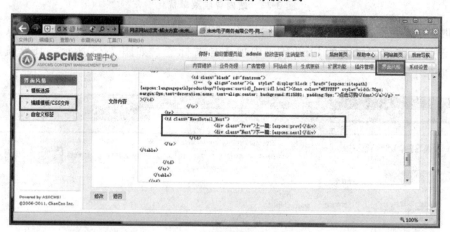

图 3-25　站内相关页链接优化

图 3-26　站内相关页链接形式

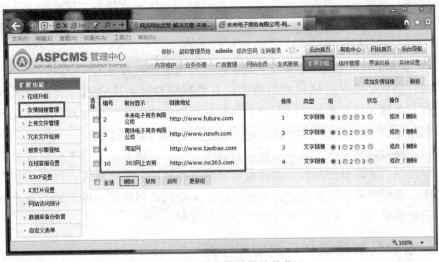

图 3-27 站内友情链接优化

外部链接一般是通过与其他网站互动，在其他网站建立起到本站的链接，使其他网站的浏览者点击浏览本站信息。其形式包括发布软文、回答问题、问题讨论、提供帮助等，在互动过程中嵌入外部链接。

任务四 搜索引擎数据分析

一、搜索引擎数据分析的基本概念

▶ 1. 第三方统计

第三方统计是指本站之外的其他专门提供网站访问数据统计的专业网站。这些专业网站运行高速稳定，提供了丰富多样的、全面的、功能强大的实时过程统计和各时间段的分析报告。在网站中嵌入第三方统计对网站运行几乎没有任何影响。

网站自身也可以设计访问统计功能，但更多的网站是选择第三方统计，可以节约成本并获得运行稳定的、功能全面的、报告多样的统计结果。

▶ 2. 访客属性和忠诚度

访客属性是指网站访问者的特征，包括性别比例、年龄分布、学历分布、地域分布、职业分布、兴趣指数等。这些特征是搜索引擎营销分析的重要数据。

忠诚度是指网站访问者对网站感兴趣或喜爱的程度，一般通过访问者一定时间内访问网站的次数和页数的比例来划分。访客忠诚度可以从侧面反映网站内容、网站结构、网站关键词与内容的一致性等方面的水平。

通过对访客属性和忠诚度分析，可以为营销方面进行顾客市场细分提供准确的数据依据。

▶ 3. 流量与关键词

这里的流量是指关键词在搜索引擎搜索结果中的展现及点击量。流量是关键词优化是否到位的依据，也是关键词热度分析的结果；关键词是带来流量的关键途径。

流量统计主要指标包括独立访问者数量（unique visitors）、重复访问者数量（repeat visitors）、页面浏览数（page views）、每个访问者的页面浏览数（page views per user）、某些具体文件/页面的统计指标（如文件下载次数、页面显示次数等）。

一般统计网站会提供关键词定制功能，方便根据营销需求设置需要重点关注的关键词，并通过对关键词带来流量的情况进行监控，帮助优化专员更有针对性地优化网站和更好地运营网站。

比如，定期分析一下网站流量数据，查看主要的网站访客来自哪里。百度是国内较大的搜索引擎之一，大部分访客都是通过百度搜索到网页的，这也就说明网页的推广重点需要放在百度。然后查看一下这些访客是通过什么关键词找到你这个网页的，哪个关键词带来的独立访客是最多的，就可以重点推广这个关键词。

二、搜索引擎数据分析的操作步骤

下面通过完成一个项目的形式进行搜索引擎数据分析来掌握搜索引擎数据的指标及分析技能。

为了实时获取准确的搜索引擎数据，网站通常加入第三方专业统计网站中，为网站提供实时、准确、专业的数据及其分析报告。本任务通过"未来电子商务有限公司"网站加入百度统计作为项目展开。将网站加入百度统计的操作如下：

一方面，进入百度统计（网址：http://tongji.baidu.com），注册成为会员后登录进入统计管理后台，如图3-28所示。然后进入"网站中心"，点击"新增网站"，将网站的域名填写上去，如图3-29所示。

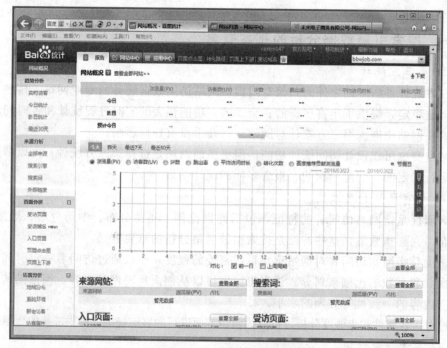

图 3-28   百度统计管理后台

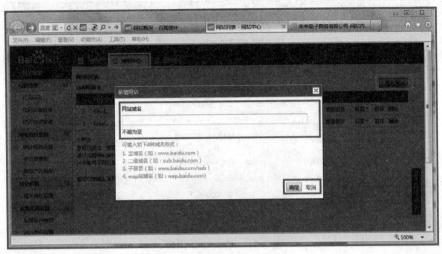

图 3-29　添加网站域名

另一方面，成功添加网站域名后，进入统计"代码获取"页面，复制代码，如图 3-30 所示。然后登录"未来电子商务有限公司"网站后台，进入"系统设置"，点击"网站信息设置"，在"统计代码"一栏中粘贴刚才复制的代码，如图 3-31 所示。至此，百度统计就会记录所有访问该网站的数据，在百度统计后台可实时查询。

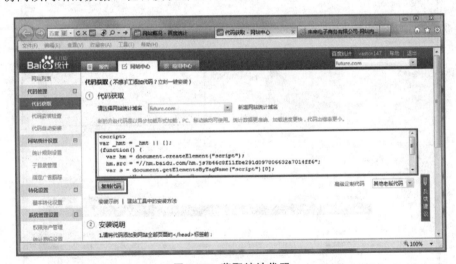

图 3-30　获取统计代码

接下来，搜索引擎优化后网站的流量效果可以通过百度统计后台分析获得。可以从以下三个指标进行搜索引擎数据分析，根据分析结果提出进一步的搜索引擎优化。

▶ 1. 访问来源分析

访问来源是指进入网站的任何网页的上一个路径。该路径属性可以包括网页、网站、使用浏览器类型、访问者位置、上网设备等。其中一个重要属性来自搜索引擎。

百度统计中，来自搜索引擎的访问来源统计如图 3-32 所示。来自搜索引擎的数据表明了访问网站主要来自哪些搜索引擎，使用该搜索引擎的浏览量、访客数、平均访问时间、跳出率等。这些数据结果为选择重点优化的搜索引擎作出正确判断。

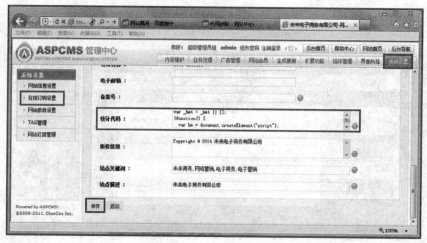

图 3-31　填入统计代码

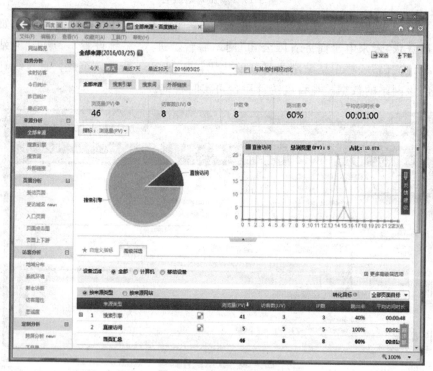

图 3-32　访问来源数据

▶ 2. 搜索词分析

搜索词是指用户通过搜索引擎进入网站时使用的关键词。

百度统计中，搜索词统计如图 3-33 所示。搜索词数据表明了访问者使用某个搜索引擎输入哪些关键词，使用该搜索词的次数、使用搜索引擎、浏览量、访客数、平均访问时长、跳出率等。这些数据结果为选择重点优化的关键词和关键词所在网页作出正确判断。

▶ 3. 链接分析

链接是指所有与网站内外建立的超链接。链接包括网站内的内链、链出和网站外的链

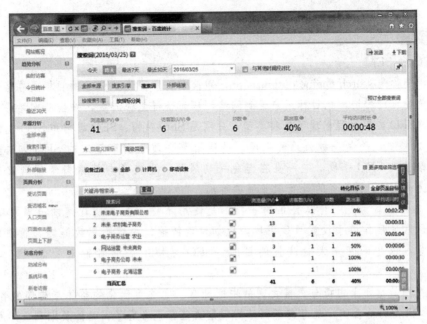

图 3-33　搜索词数据

入。链接分析帮助掌握网站死链信息和外链信息，为网站优化提供数据参考。死链信息反映了网站死链、死链前链和死链锚文本信息；外链信息反映了网站外链活链信息，包括链接到该网站的主域及主域下链接的详细信息。

百度统计的链接分析结果如图 3-34 所示。链接分析结果表明哪些网页存在死链及外链的有效性等，为网站的链接优化提供正确的判断和选择。

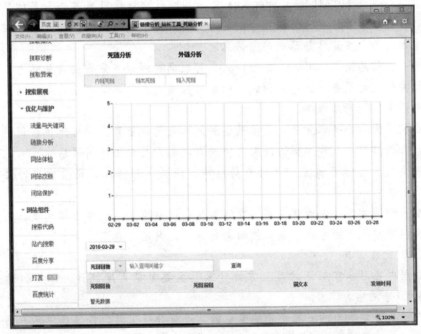

图 3-34　链接分析结果

知识拓展

1. SEO 和 SEM

SEO,全称是 search engine optimization,即搜索引擎优化。SEO 的目标是在各种搜索引擎中提高关键词的排名,把目标用户带到网站,从而获得免费流量,并推广网站品牌或直接实现销售。SEO 应用过程出现了三种类型,分别是 SEO 白帽、SEO 黑帽和 SEO 灰帽。

SEO 白帽被认为是一种公正的手段,是使用符合搜索引擎规定的 SEO 方法。它一直被认为是最佳的 SEO 手段,它一直在避免一切风险,也避免与搜索引擎规则发生任何冲突,被认为是 SEO 从业者的最高职业道德标准。

SEO 黑帽被认为是一种非公正的手段,是使用不符合甚至违背搜索引擎规定的 SEO 方法。它通常使用作弊手段或可疑手段,比如垃圾链接、内容不一致链接、隐藏网页、关键词堆砌等,以达到带来大量流量的目的。SEO 黑帽给访问者带来了很不友好的网络体验。

SEO 灰帽是指介于白帽与黑帽之间的中间地带。它注重优化的整体与局部的各个方面。它是白帽和黑帽的结合体,既考虑了网站的短期收益,也考虑了网站的长期利益问题。

SEM,全称 search engine marketing,即搜索引擎营销。通俗来说,搜索引擎营销是基于搜索引擎网站的网络营销,利用人们对搜索引擎的习惯依赖行为,在人们搜索信息时将信息传递给目标用户。

目前,搜索引擎是最主要的网站推广手段之一,得到众多网站的重视和采用,使得搜索引擎营销成为网络营销体系的重要组成部分。

2. 网页和网站

网页是一个包含 HTML 标签的纯文本文件。网页存放在世界某个角落的某一台计算机上,该计算机联网后就成为万维网中的一个文件,一般通过网页浏览器显示其内容,以文字、图像、动画、多媒体等形式传递信息。

网站是一种信息沟通工具。一方面,人们可以通过网站来发布公开的信息,或者利用网站提供相关的网络服务;另一方面,人们也可以通过网页浏览器来访问网站,获取自己需要的信息或者使用网络服务。

网页是构成网站的基本元素,是承载各种网站应用的要素。通俗地说,网站就是由网页组成的,如果只有域名和主机而没有任何网页,用户是无法访问网站的。

衡量一个网页的好坏通常从网页布局结构、网页色彩搭配、网页内容、页内信息载体、信息价值等方面考虑。

而衡量一个网站的性能通常从网站空间容量、网站位置、网站连接速度、网站软件配置、网站提供服务等方面考虑,最直接的衡量标准是网站的真实流量。

3. 第三方统计工具

目前,国内应用非常广泛的第三方统计工具主要包括百度统计、CNZZ(站长统计)、51.la(我要啦)等网站。

百度统计是百度推出的一款免费的专业网站流量分析工具,能够告诉用户访客是如何找到并浏览用户的网站以及访客在网站上做了些什么,有了这些信息,可以帮助用户改善访客在用户的网站上的使用体验,不断提升网站的投资回报率。百度统计提供了几十种图形化报告，全程跟踪访客的行为路径。同时，百度统计集成百度推广数据，帮助用户及时了解百度推广效果并优化推广方案。

CNZZ是全球最大的中文互联网数据统计分析服务提供商，为中文网站及中小企业提供专业、权威、独立的数据统计与分析服务。目前累计超过500万家网站采用了CNZZ提供的流量统计服务，一周覆盖90%以上的上网用户。CNZZ始终以中国互联网数据为己任，专注于数据统计与挖掘，拥有全球领先的互联网数据采集、统计和挖掘三大技术，专业从事互联网数据监测、统计分析的技术研究、产品开发和应用。

51.la是免费流量统计技术服务提供商，为互联网各类站点提供第三方数据统计分析，供其了解网站现状，把握网站脉搏。

4. 搜索引擎优化的误区

在不断变化的搜索引擎优化领域，有无数的理论、战略和最佳做法，去获取谷歌上好的排名。有这么多的主意，有这么多自封的专家，一个企业该怎么做才能获得相关的搜索流量呢？为回答这个问题，3位著名的搜索引擎优化领域的专家接受了采访，被直截了当地问："搜索引擎优化中最大的误区是什么？"下面是他们的回答：

(1) Eric Enge："不要试图欺骗搜索引擎。"Eric说，有些人经常会把搜索引擎优化的过程看作是欺骗谷歌的一个尝试。他已经有无数次看到不同的企业把搜索引擎优化的工作外包给国外的公司，那些公司使用一些自动化的工具来建立几千个低质量的链接。他说："如果是传统的市场营销计划，一个企业根本不可能采用这种战略。那么，为什么到了线上，你们就认为这种做法可行了呢？"据Eric说，高数量/低质量的链接会给你带来风险，因为这种战略会被谷歌惩罚。

(2) Brad Geddes："链接不等于一切。"一个常见的误区是建立链接能解决所有问题。Brad说："当然，内链是重要的。建立高质量的链接对搜索引擎优化来说是基础。但这仅仅是等式的一部分。"Brad认为，对于一个有效的搜索引擎优化战役来说，还有很多其他部分，例如关键词的研究、网站的调整、持续地建立链接的努力等。太多的人把搜索引擎优化等同于建立链接，认为做了这个工作就万事大吉了。事实是，如果不去正确地优化你的网页，你就永远不会被谷歌收录进去。

(3) Loren Baker："建立链接不是媒体购买。"如果你认为你可以用购买的办法很快地拥有很多链接以及搜索引擎里面的高排名，那你就错了。Loren曾看到有公司用这种思路去做搜索引擎优化，但最终下场可怜。与媒体购买不同，你不能指望建立链接一夜之间就给你带来效果。搜索引擎优化是一个长期的工作。如果你想要很快出成果，你可以考虑购买谷歌的按点击付费的Adwords服务。如果你持有一种长期的眼光，那你就可以期待缓慢但却稳定的增长——正如谷歌所喜欢的那样。

思考练习

1. 简述搜索引擎营销的流程。
2. 简述搜索引擎优化的内容。
3. 以"未来电子商务有限公司"网站作为搜索引擎优化的项目对象，撰写一份完整的网络营销搜索引擎优化方案报告。

综合实训

实训目的：通过课外企业项目实践理解网站搜索引擎优化的职业技能。

实训内容：以项目合作的方式参与企业网站搜索引擎优化的工作。

实训要求：参与实践，理解网站搜索引擎优化的工作要求和技能。

实训条件：具有网络环境的计算机房，一家本地中小型企业。

实训操作：

（1）根据实际情况分组，每组3～5人。

（2）在网上查找自身所在地区的中小型企业网站，选择其中一个网站。

（3）分析该企业网站，发现其搜索引擎优化方面存在的问题。

（4）联系该企业或网站负责人，以项目合作的方式进行合作洽谈。

（5）展开网站搜索引擎优化的实践活动。

（6）根据实践内容完成实训总结表，如表3-2所示。

表3-2　实训总结表

专业：　　　　　　　　　　　　小组编号：　　　　　　　　　　填写日期：

小组成员：

工号：

实训日期		实训地点	
实训课题			
实训过程记录			
实训分析			
经验体会			

4 项目四
网络广告营销专员岗位技能

知识要点

网络广告的定义；网络广告运作计划、网络广告制作及发布。

技能要点

网络广告的目标、主题；网络广告创意及效果测定方法。

引例

麦当劳经典广告

图 4-1 是麦当劳快餐连锁店形象广告"婴儿篇"。广告的形式构成极其简单，一个摇篮中的婴儿、一扇敞开的窗户、透过敞开的窗户看到的一片蓝天、一个麦当劳的店标。广告的情节更是简单，一开始，随着摇篮的上下起伏，婴儿的表情呈现戏剧性的变化。当摇篮上悬时，婴儿流露出开心的笑容，当摇篮下沉时，婴儿骤然哭泣，这样的情节周而复始。镜头转向开启的窗户，只见随着摇篮的起伏，婴儿可以看到的窗外景象在反复变化，当摇

图 4-1　麦当劳广告

篮上悬时，麦当劳的店标赫然映入眼帘，当摇篮下沉时，只留下一片蓝蓝的天，一切"真相大白"后，麦当劳的企业标识出现在屏幕上。

（资源来源：刘永炬，冯斐．广告策划与创意：锁定目标与攻击方法［M］．北京：企业管理出版社，2001）

分析：广告表现简单得让人吃惊，没有一句旁白，没有一点文字说明，强烈的个性化创意却让人难忘。该广告精准地传达了企业的形象理念：麦当劳的确是快乐之源。这似乎是对太多的缺乏新意、形式烦冗且言之无物的广告创意的莫大嘲讽，真正伟大的创造原本都是善用最简单的原理，并能感动与影响最多的人。婴儿的戏剧化表情变化令人忍俊和好奇，答案出乎人意料，麦当劳的力量可见一斑。麦当劳的精神是渗入人性骨髓的追求，即使是襁褓中的婴儿也难逃其魔力。因为麦当劳知道人来到这个世界上做的每一件事都在追求快乐。而麦当劳是快乐之源。

广告色彩对比鲜明强烈，令人兴奋，湛蓝的天将麦当劳标志的红黄两色映衬得眩目无比，从婴儿稚嫩纯真的脸上能读出人对快乐最原始的追求。麦当劳在中国市场投放的影视广告加入了本土化的色彩，力图符合中国消费者的生活情境与欣赏习惯，但始终以企业文化与理念为宣传核心，作为餐饮服务企业，这一点的确是创立品牌的关键。

任 务 一 网络广告概述

一、网络广告的定义

网络广告指运用专业的广告横幅、文本链接、多媒体的方法，在互联网刊登或发布广告，通过网络传递到互联网用户的一种高科技广告运作方式。网络广告是主要的网络营销方法之一，在网络营销方法体系中具有举足轻重的地位，事实上很多网络营销方法也都可以理解为网络广告的具体表现形式，并不仅仅限于放置在网页上的各种规格的 banner 广告，如电子邮件广告、搜索引擎关键词广告、搜索固定排名等都可以理解为网络广告的表现形式。无论以什么形式出现，网络广告所具有的本质特征是相同的，即向互联网用户传递营销信息，是对用户注意力资源进行合理利用。

二、网络广告的本质特征

网络广告具有四个本质特征：网络广告需要依附于有价值的信息和服务载体；网络广告的核心思想在于引起用户关注和点击；网络广告具有强制性和用户主导性的双重属性；网络广告应体现出用户、广告客户和网络媒体三者之间的互动关系。

▶ 1. 网络广告需要依附于有价值的信息和服务载体

用户是为了获取对自己有价值的信息来浏览网页、阅读电子邮件，或者使用其他有价值的网络服务，如搜索引擎、即时信息等，网络广告是与这些有价值的信息和服务相依赖才能存在的，离开了这些对用户有价值的载体，网络广告便无法实现网络营销的目的。因此在谈论网络广告的定向投放等特点时应该正确认识这个因果关系，即并非网络广告本身具有目标针对性，而是用户获取信息的行为特点要求网络广告具有针对性，否则网络广告便失去了存在的价值。网络广告这一基本特征表明，网络广告的效果并不是单纯取决于网络广告自身，还与其所存在的环境和依附的载体有密切关系，这也说明了为什么有些形式的网络广告可以获得较高的点击率，如搜索引擎关键词广告和电子邮件广告等，而网页上的一般 banner 和 button 广告点击率却在持续下降的事实。

▶ 2. 网络广告的核心思想在于引起用户关注和点击

由于网络广告具有承载信息有限的缺点，因此难以承担直接销售产品的职责。网络广告的直接效果主要表现在浏览和点击，因此网络广告策略的核心思想在于引起用户关注和点击。这与搜索引擎营销传递的信息只发挥向导作用是类似的，即网络广告本身所传递的信息不是营销信息的全部，而是为吸引用户关注而专门创造并放置于容易被发现之处的信息导引。这些可以测量的指标与最终的收益之间有相关关系，但并不是一一对应的关系，浏览网络广告者并不一定点击，浏览者也可以在一定程度上形成转化。这也为网络广告效果的准确测量带来了困难，而且某些网络广告形式如纯文本的电子邮件广告等本身也难以准确测量其效果。网络广告这个特征也决定了其效果在品牌推广和产品推广方面更具优势，而其表现形式以新、大、奇等更能引起注意，这也说明了为了解决网络广告点击率不断下降的问题，网络广告形式不断革新的必然性。

▶ 3. 网络广告具有强制性和用户主导性的双重属性

网络广告的表现手段很丰富，是否对用户具有强制性关键取决于广告经营者而不是网络广告本身。早期的网络广告对于用户的无干扰性也使其成为适应互联网营销环境营销手段的一个优点，但随着广告商对于用户注意力要求的扩张，网络广告逐渐发展为具有强制性和用户主导性的双重属性。虽然从理论上讲用户是否浏览和点击广告具有自主性，但越来越多的广告商采用强制性的手段迫使用户不得不浏览和点击，如弹出广告、全屏广告、插播式广告、漂浮广告等，虽然这些广告引起用户的强烈不满，但从客观效果上达到了增加浏览和点击的目的，因此为许多单纯追求短期可监测效果的广告客户所青睐，这也使得网络广告与传统广告一样具有强制性，而且表现手段越来越多，强制性越来越严重。目前对于网络广告所存在的强制性并没有形成统一的行业规范，更没有具有普遍约束性的法律法规，因此这种矛盾仍将继续存在下去。

▶ 4. 网络广告应体现出用户、广告客户和网络媒体三者之间的互动关系

网络广告具有交互性，因此有时也称为交互式广告，在谈论网络广告的交互性时，通常是从用户对于网络广告的行为来考虑，如一些富媒体广告中用户可以根据广告中设定的一些情景做出选择，在即时信息广告中甚至可以实时地和工作人员进行交谈，这种交互其实并没有反映网络广告交互的完整含义，事实上这种交互性也很少得到有效的体现，大部分网络广告只是被动地等待用户的点击。网络广告交互性的真正意义在于体现了用户、广告客户和网络媒体三者之间的互动关系，也就是说，网络媒体提供高效的网络广告环境和资源，广告客户则可以自主地进行广告投放、更换、效果监测和管理，而用户可以根据自己的需要选择感兴趣的广告信息及其表现形式。也只有建立了三者之间良好的互动关系，才能实现网络广告最和谐的环境，才可以让网络广告真正成为大多数企业都可以采用的营销策略，网络广告的价值也才能最大限度地发挥出来。这种互动关系具有一定的理想特征，但离现实并不遥远，目前在搜索引擎营销中常用的关键词广告、竞价排名等形式中已经初步显示了其价值。

任务二 网络广告的基本形式及其营销价值

一、网络广告的基本类型

网络广告的表现形式丰富多彩,目前在国内外的网站页面上常见的网络广告投放形式有横幅广告、按钮式广告、漂浮广告、电子邮件广告、全屏广告、巨型广告、插页式广告、互动游戏广告、文字链接式广告等多种。

▶ **1. 旗帜广告**

旗帜广告又称横幅式广告,是最常用的广告形式,其形象特色早已深入人心。旗帜广告通常置于页面的顶部,最先映入网络访客眼帘。有创意的旗帜广告对建立及提升客户品牌形象有着不可低估的作用。旗帜广告通常以 Flash、GIF、JPG 等格式出现在网页中,同时还可使用 Java 等语言使其产生交互性,用 Shockwave 等插件工具增强表现力。

旗帜广告允许客户用极其简练的语言、动态的图片介绍企业的产品或宣传企业形象。它又分为非链接型和链接型两种。非链接型旗帜广告不与广告主的主页或网站相链接,浏览者可以点击,进而看到广告主要想传递的更为详细的信息。为了吸引更多的浏览者注意并点选,旗帜广告通常利用多种多样的艺术形式进行处理,往往做成动画形式,具有跳动效果和霓虹灯的闪烁效果,非常具有吸引力。旗帜广告重在树立企业的形象,扩大企业的知名度。旗帜广告具有可定向性、可跟踪性和交互性等特点,如图 4-2 所示。

▶ **2. 按钮广告**

按钮广告也称为图标广告,是网络广告最早和最常见的形式,其以按钮形式定位在网页中,比旗帜广告尺寸偏小,表现手法也比较简单,被设计成单击按钮。

按钮广告一般放置页面左右两边,或灵活地穿插在各个栏目板块中间,目前常使用动态 GIF 或 Flash 按钮式广告,该广告形式费用低廉、效果好,为广告主广泛采用。许多企业也在自己的网站上采用这种方式给自己的一些子栏目做广告,充分体现了网络利用自有资源宣传自身的优势。按钮广告的不足之处在于其被动性和有限性,它要求浏览者主动点选,才能了解有关企业或产品更为详尽的信息,如图 4-2 所示。

▶ **3. 漂浮广告**

漂浮广告,也称为移动广告,是指漂浮在网站首页或各板块、帖子等页面的漂移形式的广告。漂浮广告可以是图片,可以是 Flash 形式。首页和各板块、帖子页面都可以是独立的广告位。漂浮广告可以自动适应屏幕分辨率,不被任何网页元素遮挡,同时可以支持多个图片漂浮。

漂浮广告通常可以达到宣传网站的效果,所以经常被各大网站及论坛采用。

在浏网络用户览网页的时候,漂浮广告会一直沿着设计好的路线漂移,设计路线不好的漂浮式广告会分散网民的注意力,影响正常的浏览,更有甚者把广告置于账号登录的入口,必须点击广告才可以使之关闭,所以有时漂浮广告会影响到上网者的视觉而让人厌烦,有一定的负面效应,如图 4-2 所示。

图 4-2　旗帜广告、按钮广告和漂浮广告形式

▶ 4. 电子邮件广告

电子邮件广告又名直邮广告，利用网站电子刊物服务中的电子邮件列表，将广告加在每天读者所订阅的刊物中发放给相应的邮箱所属人，一般在拥有免费电子邮件服务的网站上常用。

电子邮件式广告通常采用文本格式，将一段广告性的文字放置在新闻邮件或经许可的 E-mail 中间，也可以设置一个 URL，链接到广告主公司主页或提供产品或服务的特定页面。目前还有多媒体邮件，也称为富媒体邮件，将视频、音频等多媒体文件嵌入邮件，使邮件广告更生动和形象

通常情况下，网络用户需要事先同意加入到该电子邮件广告邮件列表中，那些未经许可而收到的电子邮件广告通常被视为垃圾邮件。电子邮件广告具有针对性强、费用低廉的特点，而且广告内容不受限制，如图 4-3 所示。

图 4-3　电子邮件广告

▶ 5. 全屏广告

用户打开浏览页面时，该广告将以全屏方式出现 3～5 秒，吸引上网者注意。该广告可以是静态的页面，也可以是动态的 Flash 效果，然后，逐渐缩成普通的旗帜广告尺寸，进入正常阅读页面，如图 4-4 所示。

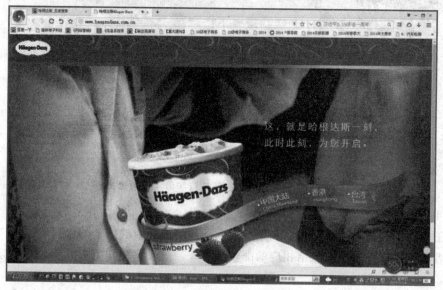

图 4-4　哈根达斯官网的全屏广告

▶ 6. 巨型广告

巨型广告解决了旗帜广告过小、难以吸引网站访问者注意力的问题。这是目前销售量剧增的广告形式，也被称为"画中画"广告。通常被嵌入新闻或者专题报道等文章内页，四周为文字环绕，访客在阅读文字时通常会关注相关广告。目前该类型广告通常使用 Flash 技术制作，赋予了平面广告更多的信息内涵、互动功能以及多媒体特色，使得"广告也娱乐"，如图 4-5 所示。

图 4-5　当当网巨型广告页面

▶ 7. 插页式广告

插页式广告又名"弹跳广告"或"背后弹出广告"，它是一个有边框的窗口，有的可以通过拖动边框来改变窗口的大小。这种广告随主页弹出，有效的视觉冲击可以加强受众的视觉记忆。插页式广告的缺点是可能引起浏览者的反感，如图 4-6 所示。

图 4-6 京东网站产品插页式促销秒杀广告页面

▶ 8. 互动游戏式广告

互动游戏式广告是指在一段页面游戏开始、中间、结束的时候，广告都可随时出现，广告信息从硬性接收变为双向互动和潜移默化的潜意识影响，从而成功地使广告信息的有效性和印象大大提高。广告渗透至游戏中，在游戏中反复多次点击，使受众对广告印象更加深刻，广告效果更加自然。

互动游戏式广告根据广告主的产品要求为其量身定做一个属于自己产品的互动游戏广告。其广告形式多样。例如许多网络互动式游戏广告具有互动性、趣味性、虚拟性、趣味性、知识性等，并且让客户会员化，抓住忠实客户，消除客户不愿意公开信息的顾虑，以建立准确的数据库，许多游戏式广告还与有奖销售相结合，如图 4-7 所示。

图 4-7 美特斯邦威产品植入网络游戏的广告

▶ 9. 文字链接式广告

文字链接式广告不同于前面几种广告的图形、图像，它采用文字超链接的形式。对于它访问前、访问过程中和访问后，文字的颜色都会发生变化，以便有所标识（如下图 4-8 所示）。

图 4-8　文字链接式广告

二、网络广告的网络营销价值

网络广告的网络营销价值可以归纳为六个方面：品牌推广、网站推广、销售促进、在线调研、顾客关系、信息发布。

▶ 1. 品牌推广

网络广告最主要的效果之一就表现在对企业品牌价值的提升，这也说明了为什么用户浏览而没有点击网络广告同样会在一定时期内产生效果。在所有的网络营销方法中，网络广告的品牌推广价值最为显著。同时，网络广告丰富的表现手段也为更好地展示产品信息和企业形象提供了必要条件。

▶ 2. 网站推广

网站推广是网络营销的主要职能，获得尽可能多的有效访问量也是网络营销取得成效的基础。网络广告对于网站推广的作用非常明显，通常出现在网络广告中的"点击这里"按钮就是对网站推广最好的支持，网络广告（如网页上的各种 banner 广告、文字广告等）通常会链接到相关的产品页面或网站首页，用户对于网络广告的每次点击都意味着为网站带来了访问量的增加。因此，常见的网络广告形式对于网站推广都具有明显的效果，尤其是关键词广告、banner 广告、电子邮件广告等。

▶ 3. 销售促进

用户由于受到各种形式的网络广告吸引而获取产品信息，已成为影响用户购买行为的因素之一，尤其当网络广告与企业网站、网上商店等网络营销手段相结合时，这种产品促销活动的效果更为显著。网络广告对于销售的促进作用不仅表现在直接的在线销售，也表现在通过互联网获取产品信息后对线下销售的促进。

▶ 4. 在线调研

网络广告对于在线调研的价值可以表现在多个方面，如对消费者行为的研究、对于在线调查问卷的推广、对于各种网络广告形式和广告效果的测试、用户对于新产品的看法等。通过专业服务商的邮件列表开展在线调查，可以迅速获得特定用户群体的反馈信息，大大提高市场调查的效率。

▶ 5. 顾客关系

网络广告所具有的对用户行为的跟踪分析功能为深入了解用户的需求和购买特点提供了必要的信息，这种信息不仅成为网上调研内容的组成部分，也为建立和改善顾客关系提供了必要条件。网络广告对顾客关系的改善也促进了品牌忠诚度的提高。

▶ 6. 信息发布

网络广告是向用户传递信息的一种手段，因此可以理解为信息发布的一种方式。通过网络广告投放，不仅可以将信息发布在自己的网站上，也可以发布在用户数量更多、用户定位程度更高的网站，或者直接通过电子邮件发送给目标用户，从而获得更多用户的注意，大大增强网络营销的信息发布功能。

任务三 网络广告策划过程

一、确定网络广告的目标

广告目标的作用是通过信息沟通使消费者产生对品牌的认识、情感、态度和行为的变化，从而实现企业的营销目标。在公司的不同发展时期有不同的广告目标，比如是形象广告还是产品广告，对于产品广告在产品的不同发展阶段，广告的目标可分为提供信息、说服购买和提醒使用等。AIDA法则是网络广告在确定广告目标过程中的规律。

（1）第一个字母A是"注意"（attention），在网络广告中意味着消费者在电脑屏幕上通过对广告的阅读，逐渐对广告主的产品或品牌产生认识和了解。

（2）第二个字母I是"兴趣"（interest）。网络广告受众注意到广告主所传达的信息之后，对产品或品牌发生了兴趣，想要进一步了解广告信息，他可以点击广告，进入广告主放置在网上的营销站点或网页。

（3）第三个字母D是"欲望"（desire）。感兴趣的广告浏览者对广告主通过商品或服务提供的利益产生"占为己有"的企图，他们必定会仔细阅读广告主的网页内容，这时就会在广告主的服务器上留下网页阅读的记录。

（4）第四个字母A是"行动"（action）。最后，广告受众把浏览网页的动作转换为符合广告目标的行动，可能是在线注册、填写问卷参加抽奖或者是在线购买等。

二、确定网络广告的目标群体

确定网络广告的目标群体，简单来说就是确定网络广告希望让哪些人来看，确定他们是哪个群体、哪个阶层、哪个区域。只有让合适的用户来参与广告信息活动，才能使网络广告有效地实现其目标。

三、进行网络广告创意及策略选择

（1）要有明确有力的标题。广告标题是一句吸引消费者的带有概括性、观念性和主导性的话。

（2）具有简洁的广告信息。

（3）具有发展互动性。如在网络广告上增加游戏功能，提高访问者对广告的兴趣。

（4）合理安排网络广告发布的时间。网络广告的时间策划是其策略决策的重要方面。它包括对网络广告时限、频率、时序及发布时间的考虑。时限是广告从开始到结束的时间长度，即企业的广告打算持续多久，这是广告稳定性和新颖性的综合反映；频率即在一定时间内广告的播放次数，网络广告的频率主要用在 E-mail 广告形式上；时序是指各种广告形式在投放顺序上的安排；发布时间是指广告发布是在产品投放市场之前还是之后。根据调查，消费者上网活动的时间多在晚上和节假日。

（5）正确确定网络广告费用预算。企业首先要确定整体促销预算，再确定用于网络广告的预算。整体促销预算可以运用量力而行法、销售百分比法、竞争对等法或目标任务法来确定。而用于网络广告的预算则可依据目标群体情况及企业所要达到的广告目标来确定，既要有足够的力度，也要以够用为度。量力而行法即企业确定广告预算的依据是其所能拿得出的资金数额。销售百分比法即企业按照销售额（销售实绩或预计销售额）或单位产品售价的一定百分比来计算和决定广告开支。竞争对等法是指企业比照竞争者的广告开支来决定本企业广告开支的多少，以保持竞争上的优势。目标任务法的步骤是：首先明确地确定广告目标；然后决定为达到这种目标而必须执行的工作任务；最后估算执行这种工作任务所需的各种费用，这些费用的总和就是计划广告预算。

四、选择网络广告发布渠道及方式

网上发布广告的渠道和形式众多，各有长短，企业应根据自身情况及网络广告的目标，选择网络广告发布渠道及方式。目前可供选择的渠道和方式主要有以下几种。

▶ 1. 主页形式

建立自己的主页对于企业来说是一种必然的趋势。它不但是企业形象的树立，也是宣传产品的良好工具。在互联网上做广告的很多形式都只是提供了一种快速链接公司主页的途径，所以，建立公司的 Web 主页是最根本的。从今后的发展看，公司的主页地址也会像公司的地址、名称、电话一样，是独有的，是公司的标识，将成为公司的无形资产，如图 4-9 所示。

▶ 2. 网络内容服务商（ICP）

网络内容服务商如新浪、搜狐、网易等，它们提供了大量的互联网用户感兴趣并需要的免费信息服务，包括新闻、评论、生活、财经等内容，因此这些网站的访问量非常大，是网上最引人注目的站点。目前，这样的网站是网络广告发布的主要阵地，但在这些网站上发布广告的主要形式是旗帜广告，如图 4-10 所示。

▶ 3. 专类销售网

这是一种专业类产品直接在互联网上进行销售的方式。进入这样的网站，消费者只要在一张表中填上自己所需商品的类型、型号、制造商、价位等信息，然后单击一下"搜索"

图 4-9 海尔官网主页

图 4-10 网易网站页面

按钮，就可以得到所需要商品的各种详细节资料，如图 4-11 所示。

▶ 4. 企业名录

企业名录是由一些网络服务商或政府机构将一部分企业信息融入其主页中。如香港国际商业经济发展促进会网站的主页中就包括汽车代理商、汽车配件商的名录，只要用户感兴趣，就可以通过链接进入选中企业的主页，如图 4-12 所示。

▶ 5. 免费的 E-mail 服务

在互联网上有许多服务商提供免费的 E-mail 服务，很多上网者都喜欢使用。利用这一优势，能够帮助企业将广告主动送至使用免费 E-mail 服务的用户手中。

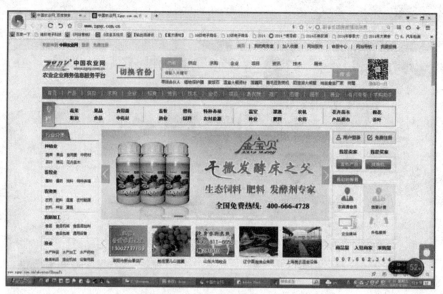

图 4-11　中国农业网网站页面

图 4-12　香港国际商业经济发展促进会网站页面

▶ 6. 黄页形式

在互联网上有一些专门用以查询检索服务的网站，如雅虎、Infoseek、Excite 等。这些站点就如同电话黄页一样，按类别划分，便于用户进行站点的查询。采用这种方法有两个好处。一是针对性强，查询过程都以关键词区分；二是醒目，处于页面的明显处，易于被查询者注意，是用户浏览的首选，如图 4-13 所示。

▶ 7. 网络报纸或网络杂志

随着互联网的发展，国内外一些著名的报纸和杂志纷纷在网上建立了自己的主页；更有一些新兴的报纸或杂志放弃了传统的纸质媒体，完完全全地成为一种"网络报纸"或"网络杂志"。其影响非常大，访问的人数不断上升。对于注重广告宣传的企业来说，在这些网络报纸或网络杂志上做广告，也是一个较好的选择，如图 4-14 所示。

图 4-13 中国黄页网网站页面

图 4-14 杨澜电子杂志页面

▶ 8. 新闻组

新闻组是人人都可以订阅的一种互联网服务形式，阅读者可成为新闻组的一员。成员可以在新闻组上阅读大量的公告，也可以发表自己的公告，或者回复他人的公告。新闻组是一种很好的讨论和分享信息的方式。广告主可以选择与本企业产品相关的新闻组发布公告，这将是一种非常有效的网络广告传播渠道。

任 务 四　网络广告效果评估

广告主通过对网络广告执行效果的评估，可为日后的广告运作提供依据。

一、网络广告效果评估的基本内容

网络广告效果评估的基本内容包括两个方面：一是对访问量的评估，比较其在计划与执行上的区别；二是研究广告的衰竭过程，方法是将同一广告每天的点击率在坐标轴上连成线，研究每个广告衰竭的时间，为确定更换广告的时间间隔提供依据。

二、网络广告效果评估所需数据的获取

▶ 1. 通过安装在广告商服务器上的访问统计软件获取

利用这类软件，广告主可及时了解在什么时间、有多少人访问过载有广告的页面，有多少人通过广告直接进入自己的网站。

由于这些数据是出自各广告服务商网站自己的软件，因此这种监测模式很不合理，弊病颇多。最简单的作弊方式如网站的经营者可以不停地刷新放置有广告的页面。比较复杂的方式是利用传销中的转包手段，即网站经营者以较低的价格将广告转包给其他一些乏人问津的小网站，后者尽管访问人次较少，但如果这类网站为数众多，则其流量也是相当可观的，所以广告客户往往对数据的可信度抱有疑虑，如果统计数据出自第三方，其可信度当然会有所提高，因此，现在广告主开始选择由第三方提供技术力量并进行广告监测的评估方式。

▶ 2. 通过权威的广告评估机构获取

传统媒体一般都是由一些权威机构发布的发行量、收听率、收视率等来衡量一家媒体的优劣，但监测网络广告效果还是一个全新的领域。为迎合这种需求，目前在美国已经有 IAB(www. iab. net)和一些 Web 评级机构开始充当权威检测人的角色。我国目前还没有专门的网络广告评估机构，许多广告商和广告客户已经意识到这个问题，正积极寻找第三方充任这一关键角色，如中国互联网络信息中心 CNNIC，其提供的数据具有较高的可信度。

▶ 3. 通过客户的反馈量获取

即通过广告投放之后网站的在线提交量和电子邮件数量增加的幅度来判断广告发布的效果。

知识拓展

关于网络广告的基本概念集锦

interactive advertising：交换式广告，指具有交互性的各种形式的广告，从广告媒体上看，包括网络广告、无线广告、交互电视广告等；从广告形式上看，包括 banner、赞助式广告、电子邮件广告、关键词检索、推荐式广告、分类广告等。

interstitial AD：插播式广告，指在两个网页内容显示切换的中间间隙的广告，也称过渡页广告。

Transitional AD：过渡页广告，也称插播式广告，与 interstitial AD 意义相近。

POP-up AD：弹出式广告。在已经显示内容的网页上出现的具有独立广告内容的窗口，一般是网页内容下载完成后弹出式广告也随之出现，因而对浏览网页内容产生直接影响。

POP-under AD：隐藏式弹出广告，形式与一般的弹出式广告相同，不同之处在于这种广告是隐藏在网页内容下面，刚打开网页时并不会立即弹出广告，只有当关闭网页窗口，或者对窗口进行操作，如移动、改变窗口大小时，广告窗口才会弹出来。

skyscraper：摩天大楼型广告，一种窄、高垂直放置的网络广告形式。

rich media：富媒体。rich media 并不是一种具体的媒体形式，而是指具有动画、声音、视频或交互性的信息传播方法，包括下列常见的形式之一或几种的组合：流媒体、声音、flash，以及 Java、JavaScript、DHTML 等程序设计语言。

AD view：广告浏览。即广告被用户实际看到一次称为一次广告浏览。

page view：页面浏览。即用户实际上看到的网页。

AD impression：广告印象。广告印象包括两方面，即服务端和用户端。网络广告可以来自服务器为用户浏览器提供的广告显示，也可以来自用户浏览器的请求。

impression：印象，同 page view，指受用户要求的网页的每一次显示就是一次印象。

AD impression ratio：广告印象率，即点击数与广告印象数的比例，同点击率。

AD click：广告点击，是用户对广告的反应形式之一，通过对广告的点击引起当前浏览内容重新定向到另一个网站或者同一个网站其他网页。

click through：点击次数，即网上广告被用户打开、浏览的次数。

click through rate：点击率，即网络广告被点击次数与显示次数的比例。

AD display/AD delivered：广告显示/广告传递。一个广告在用户计算机屏幕上完全显示称为一次广告显示/广告传递。

AD download：广告下载。服务器完整地将一个广告下载到用户的浏览器称为广告下载。

transfer/AD tansfers：传递/广告传送。传送是指服务器对来自网页请求的成功反应，也指浏览器接收到来自服务器的完整网页内容。

reach：送达。有两方面的含义：一个是在报告期内访问网站的独立用户，以某类用户占全部人口的百分比表示；另一个是对于一个给定的广告所传递到的总的独立用户数量。

unique users：独立用户数量，指在一定的统计周期内访问某一个网站的独立用户。

return visits：重复访问数量，用户在一定时期回到网站的平均次数。

repeat visitor：重复访问者，即在一定时期内不止一次访问一个网站的独立用户。

traffic：访问量，即来到一个网站的全部访问或访问者的数量。

ROI(return on investment)：投资收益率，即净利润除以投资额。

┤ 思考练习 ├

1. 简述广告的定义。
2. 广告的定位工作内容包括哪些方面？
3. 广告创意需要哪些素质和技能？
4. 网络媒体与传统媒体有何异同？

┤ 综合实训 ├

实训目的：熟悉广告策划的基本步骤与方法；培养广告策划的能力。

实训内容：美雅是国内知名的服装生产企业，创始于 1993 年，主要生产面向 25～55 岁中青年的日常生活服装。自成立以来，该企业坚持走可持续的发展道路，在打品牌、树形象、拓市场的过程中做出了艰辛的努力，取得了令人瞩目的成绩。目前，美雅的销售渠道覆盖了全国 20 多个省、市、自治区，网点遍布近 2 000 多个县镇，有效零售终端达 1 000 余家，产品以精美优良的质量深受消费者与经销商的青睐。美雅服装多次被评为"中国十大服装品牌""消费者信得过的品牌"等。但随着经济的发展，近年来服装市场发生了较大的变化，人们的消费需求日趋多元化、个性化，业内竞争也日益激烈，美雅的销售额连年下滑。为扭转市场颓势，美雅决定推出全新的"靓奇"户外休闲服。

实训要求：确定广告目标，分析广告定位，讨论广告主题、创意表现等，撰写广告策划方案。

实训条件：计算机房，提供网络环境。

实训操作：

(1) 服装市场分析，包括服装市场的总体分析，美雅"靓奇"户外休闲服装与市场同类品牌、产品分析，消费者分析等。

(2) 确定广告目标，分析广告定位，讨论广告主题、创意表现等。

(3) 选择广告媒介，编制广告预算。

(4) 讨论广告实施计划，研究广告效果评估与监控等环节的具体做法。

(5) 撰写广告策划方案。

5 项目五
网络客服岗位技能

知识要点

网络客服的概念；网络客户服务订单处理流程。

技能要点

在线客服系统的使用。

引例

电器网：网购有"陷阱"

2015 年 11 月 1 日晚，名为"海风"的网友反映某电器网上商城搞特价忽悠人，18：09 网站显示还有 200 台，18：10 下单网页却显示"商品已售完，请选择其他商品"。该网友说刚开始以为是自己输入有错误，就刷新了一下页面，页面显示还有 150 台，再次输入订单，网页显示还是"商品已售完，请选择其他商品"，并配发了整个下单过程的截图。回复中，不少网友对该电器网上商城提出质疑。

在 20 日上午，记者打开该电器网上商城，在限时抢购一栏里，标价为 2 388 元的美的 KFR-35GW/WPAA 型号空调显示，据抢购结束时间还有 18 小时 33 分 47 秒，剩余数量为 208 件。记者点击"立即抢购"，结果在下单时，网页显示"商品已售完，请选择其他商品"。下午，记者再次打开该电器网上商城，发现该款美的空调显示的剩余数量为 202 件，再次下单时，发现网页显示的依然是"商品已售完，请选择其他商品"。

随后，记者以消费者的身份联系了该电器网上商城的客服，商城的客服人员告诉记者，抢购的活动都是以订单生成为准，如果订单生成不了，就表明这个商品已经没有货了。另外，消费者看到的数据是由于网上缓存导致系统的一个延迟，所以显示的不是当下的状态。"那个数据会自动刷新，一直刷新到活动结束，我们才可以撤销这个页面。"当记者问及客服人员，页面长期存在缓存，该电器网上商城有没有相应的解决方案？客服人员

75

表示，对于给消费者带来的不便，商家表示歉意，至于解决方案一事，客服人员未作出正面回答。

（资料来源：百度文库.http://wenku.com）

分析：在企业战略管理理论里有一个著名的"木桶短板管理"理论，简言之就是木桶里能盛多少水取决于木桶最短的那块木板。从以上案例可以看出，该电器网上商城有个最大的失误——服务营销的短缺。

客服以网络延迟为借口制造网购陷阱，对于消费者的疑问没有给出正面的回答以及解决方案，对于长期存在的问题，公司并没有给予应当的重视，没有及时解决，服务存在敷衍消费者的行为。忽视了对消费者的客服质量，企业没有一个完备的客服质量考核体系。

该电器网上商城应该建立完备的客服质量考核体系，严格约束客服人员的各种行为，积极寻找漏洞，并及时解决问题，特别是在目前市场前景广阔的网络市场，更应当注意网络客服的效率和质量，对公司的客服人员进行强化培训，要能在第一时间为消费者和客户解决疑问，避免出现敷衍、避而不答或者是推脱的行为，对于出现的问题为消费者带来的不便，不仅仅是口头的道歉就行了，要及时采取实际行动，赢得消费者的信心。

电器行业应当注重营销服务的模式，将消费者的客服地位相对提高，进一步加强客服质量的建设，才能赢得消费者的信任，从而获得上流客户的青睐，并最终在未来的市场竞争中占有优势地位。

任务一 网络客服概述

网络客服，是基于互联网的一种客户服务工作，是网络购物发展到一定程度时细分出来的一个工种，跟传统商店售货员的工作类似。网络客服没有特别的学历要求，但是客服必须对自己负责的产品有深刻的了解，并且有较好的沟通能力，还要拥有谦和的服务态度，而且本人要有耐心解答顾客不了解的问题，对于有些高科技产品和技术性强的产品，客服需要对产品进行深度了解，以便帮助顾客更好地了解产品。

一、网络客服的分类

▶ 1. 售前服务

售前服务是企业在顾客接触产品之前所开展的一系列刺激顾客购买欲望的服务工作。

售前服务的内容多种多样，主要是提供信息、市场调查预测、产品定制、加工整理、提供咨询、接受电话订货和邮购、提供多种方便和财务服务等。售前服务的主要目的是协助客户做好规划和系统需求分析，使产品能够最大限度地满足用户需要，同时也使客户的投资发挥出最大的综合经济效益。

做好售前服务的工作包括以下几点：

（1）快速应答。回复及时才能给客户留下好印象。

（2）回答客户对商品的疑问。了解产品，解答疑问，只有如此，才能打消客户在购物中产生的疑虑，从而促成交易。

（3）根据客户的需求为客户推荐商品。熟悉产品特性，精准地推荐合适的产品，推荐时要站在对方的角度，像朋友一样给出建议。有优惠活动要及时告知，接待时要有主动营销意识。

（4）核对订单信息。

售前服务的工作流程如图 5-1 所示。

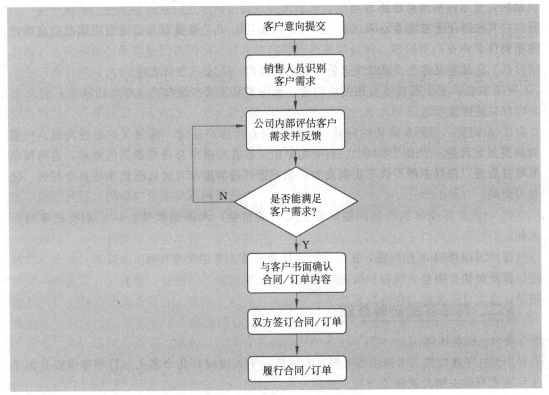

图 5-1　售前服务的工作流程

▶ **2. 售中服务**

售中服务是零售企业在商品销售过程中直接或间接为顾客提供的各项服务。接待服务是售中服务的中心内容。营业人员在接待顾客时，通过主动、热情、耐心周到的服务，把顾客的潜在需求变为现实需求，达到商品销售的目的。可以说，在商品销售过程中，接待服务对销售成败具有决定性的作用。营业人员服务质量的高低，直接关系到企业声誉的好坏，因此，企业应实行接待服务规范化，分别规定具体的内容和要求。

售中服务的目标是为客户提供性能价格比最优的解决方案。针对客户的售中服务，主要体现为销售过程管理和销售管理。销售过程是以销售机会为主线，围绕销售机会的产生、销售机会的控制和跟踪、合同签订、价值交付等一个完整销售周期而展开的，既是满足客户购买商品欲望的服务行为，又是不断满足客户心理需要的服务行为。

优秀的售中服务将为客户提供享受感，从而可以增强客户的购买决策，融洽而自然的销售服务还可以有效地消除客户与企业销售、市场和客户关怀人员之间的隔阂，在买卖双方之间形成一种相互信任的气氛。销售、市场和客户关怀人员的服务质量是决定客户是否购买的重要因素，因此对于售中服务来说，提高服务质量尤为重要。

▶ 3. 售后客服

售后服务需要做好的工作包括以下几个方面：

（1）发货前检查商品质量。这一块是售后的重点工作，发货前一定要检查货物是否完好，然后才发货。

（2）注重商品包装。如果是易碎品，一定要用报纸或者其他填充物包装好，同时要在快递的盒子上注明是易碎品。

（3）选择合适的快递公司。要选择合适的快递公司，避免因为物流的问题而造成客户收不到件。

（4）核对物流信息，跟踪快递公司有没有发出，买家有没有查收。

（5）缺货问题。建议不要用网络沟通，无论买家是否在线都要全部电话联系买家。

（6）退换货问题。

① 发错货。碰到发错货的问题，一定要耐心听客户说完，再与客户进行沟通。一般的解决方案就是：货退回来换个，运费卖家出。若客户提出补偿或者其他要求，这时候就要好好沟通，在双方都不会产生损失的情况下把问题解决，有时候吃点小亏换个好评，还是可以的。

② 物流损坏或其他质量问题。安抚客户的情绪，沟通退换货。切记不要把事情扩大化。

③ 尺码不符等其他问题，按照网上退换货流程正常退换货即可。

售后秘诀：细心、耐心、快速处理纠纷不拖延。

二、网络客服必备技能

▶ 1. 基本技能

（1）打字速度快。店铺忙的时候，有可能一个人应付好几个客人。打字速度要是跟不上，客人可就去别人家看了。

（2）熟悉店铺里的商品。客服最主要的工作就是向客户解释产品的细节和疑问，如果作为客服，你自己对产品都不是很清楚，又如何给客人做好服务？

（3）熟悉退款要求、客户维权、虚假发货等规则。

（4）拥有好心态。客服大部分时间在面对客户的疑问、质疑、责备，如果没有一个良好的心态，不但可能得罪客户，还会影响到公司的形象，所以说，客服必须有好的心态。

（5）具备沟通理解力。不同的人说话方法和习惯都不同，客户来自五湖四海，客服需要能够理解对方的问题。当遇到自己不是很清楚的地方时，不妨礼貌地让客户解释清楚，避免产生误会。

（6）懂得销售技巧，能根据客人的要求去推荐商品。

（7）有服务意识，如不为难顾客、替顾客着想、尊重顾客、及时发货、发货短信提醒等。

▶ 2. 客服用语

正确的服务用语要亲切、耐心、细心，比如：

（1）欢迎语。当客户发出沟通信号的时候在 10 秒内必须先有问候语的反馈。例如，

"亲，欢迎来到×××店铺。您好，我是××客服，很高兴为您服务"。

（2）繁忙时的自动回复。如果太繁忙或者暂时离开，需要设置自动回复。例如，"亲，客人比较多，请别着急哦，您可以先参观店铺的其他宝贝，我会一个个回复，我已经变成三头六臂了"。

（3）沟通用语。当顾客有疑问时，客服需要好好向顾客解释。例如，"亲，这款价格高的原因，主要是材料和做工很好，质量是很过硬的。同时，高档商品的包装也和低档的包装有很大区别"。

（4）支付的对话。例如，"亲，已经为您修改好了价格，一共是×××元，您方便时付款就可以，感谢您购买我们的商品""亲，已经看到您支付成功了。我们会及时为您发货的，感谢您购买我们的商品"。

（5）关于快递的解释。例如，"现在全场满 95 元包圆通快递，下单后 48 小时内发货，物流到达时间为 2~5 天"。

（6）再见的用语。例如，"不客气，期待能再次为您服务。祝您晚安"。

（7）退换货的用语。例如，"亲，您好，在不影响二次销售的情况下，我们实行 7 日无条件退换商品，请您放心，我们一定会给您一个满意的答复"。

（8）客服的语言禁忌。

① 语言不当。客服在跟客户沟通的时候最好说术语，这样能够体现专业性与敬业精神。

② 问不该问的事。每个人都有自己十分反感的话题，一旦你触及这个问题就会给沟通带来麻烦，很可能导致沟通终止。

③ 语言过多。正所谓"言多必失"，在顾客买东西的时候，如果有一个导购员在旁边不停地说产品如何如何好，即使本来顾客对该产品有购买兴趣，也很可能因为厌烦而放弃购买。

▶ 3. 大团队的客服运作

（1）专业培训。

① 教育法。学习客服基本技能和基本用语。

② 示范法。话术场景演练、老带新、卖家亲自上阵指导。

（2）客服轮岗。客服分早班、晚班等，保证能应对各时段咨询的顾客，特别是大力促销的时候，一般接待高峰集中在 11 日凌晨、上午 9：00—10：00 点、下午 2：00—4：00 点、晚上 8：00—10：00 点，这几个时间段需要安排机动人员接待。考虑到流量高峰的工作压力较大，可根据实际情况缩短工作时间，增加轮替频次。

（3）多维度考核。主要包括以下几个标准：

① 客服的咨询转化率（客服接待客户转化为实际下单的比率）；

② 客服的日/月订单数量（客服落实下单的订单数）；

③ 客服的日/月销售金额（客服落实下单的订单金额）；

④ 客服的订单流失率情况（客服落实下单但最终订单关闭的比例）；

⑤ 客服的平均响应时间（客服对客户发起的咨询的响应时间）；

⑥ 咨询未回复数（客服对客户发起的咨询未回复的总数）。

三、在线客服系统

▶ 1. 在线客服系统的功能

在线客服系统经过这几年的发展，已经成为网站客户服务、辅助网站销售不可缺少的工具。在线客服系统除了具备实时的网页聊天功能，还发展出了通过弹出网页的方式主动邀请访客聊天的功能，以及文件对传功能，方便网站客服人员主动联系网站的在线访客，变流量为销量，抓住每一个潜在的客户。此外作为一款实时的网站客服工具，不同的厂家都有针对性地开发出各具特点的功能，来更好地为网站提供服务。未来在线客服系统的发展方向应该是更好地结合网站、客户管理系统（CRM）、在线销售系统，为网站开辟一条发展之路和营销之路。

▶ 2. 在线客服系统的分类

在线客服系统分为三类，第一类是运用 C/S 模式，一般以座席收费，需要安装的客服系统，服务与品质都很好；第二类是以 B/S 模式，按照功能收费，不同的功能有不同的收费，而座席一般是无限的；第三类具备 C/S 模式也具备 B/S 模式。

▶ 3. 在线客服系统的发展方向

随着互联网的发展，以及网络营销模式重要性的凸显，在线客服系统会成为网络营销的重要工具，也是提升企业网站形象、加强企业与访客互动的必备工具。

网页即时通信的技术和方式也越来越先进，过去都是弹出文字对话页面，客户不能同时浏览产品，切换窗口麻烦且可能错过发过来的对话消息；未来主流将发展成为类似网眼的边浏览页面边沟通方式，即对话窗口就在被浏览的页面内，可最小化、最大化、快速、易用。

沟通方式也越来越多样化，免费回呼电话、离线实时短信与访客对话等功能确保不流失任何潜在的客户。

专业的在线客服需要优化的技术和完善的网络环境来实现，这也是以后在线客服供应商需要面对的技术问题。

▶ 4. 在线客服系统的现实意义

（1）提升购物网站形象，彰显门户网的实力。

（2）有利于企业网站的宣传，拓展客户群体和挖掘潜在客户群体。

（3）加强与客户的联系，提升客户忠诚度。

（4）提高企业内部管理效率及员工满意度。

（5）24 小时在线服务，保证客户服务的连续性。

（6）增强与客户的互动联系，是购物网站争夺客户的有效武器。

（7）多方面降低购物网站的管理和运营成本。

（8）良好的售后服务与沟通机制让顾客免去后顾之忧，提高网上成交率。

▶ 5. 新一代在线客服系统

随着网络带宽的提高，基于互联网的语音和视频达到了很好的效果。同时，flash player 作为网页富媒体客户端，提供了完整的语音和视频的捕获、压缩、传输、播放功能。新一代 HTML5 的 Audio/Video 标签，将在未来进一步推动 Web 世界的各种富媒体应用的发展。考虑 HTML5 还未被完全支持，采用 flash 技术构造富媒体在线网络客服无疑是较现实的选择,其采用 flash 技术构建了支持 speex 压缩、回声抑制、噪声消除的语音客服功能。网站的浏览者只需要点击鼠标,无须安装任何软件,即可同网站的客服代表进行实时的语音通话,大大提高了客户服务的效率和客户满意度。

随着国内电子商务竞争日趋成熟和激烈,传统企业利用渠道和服务优势开展电子商务,进一步促进电子商务生态圈的不断进化,电子商务不再是单纯的网上交易,不再局限于互联网,而是逐步渗透到产业的各个环节,如物流、服务等,电子商务逐步进入泛电子商务时代。

部分传统企业进军电子商务,采用网店和线下一体,即本地化战略。消费者可以通过企业网站在线客服系统咨询下单,线下取货,商家当地实体店提供售后服务。帮助建立企业与消费者之间联系的企业通信也面临诸多现实的挑战:在线客服系统客户和线下电话客户如何统一管理?

随着云计算的出现,建设企业大联络中心成为泛电子商务时代企业通信的技术难题。企业通信服务商 TQ 于 2012 年首次将在线客服系统与呼叫中心进行一体化的整合,推出了 TQ 云呼叫中心,实现线上在线客服系统与线下电话的统一管理。无论是客户通过企业网站在线客服系统咨询或者电话咨询,TQ 云呼叫中心都对客户信息进行统一管理和维护更新,极大地方便了电子商务企业进行高效的客户关系维护。电子商务企业无须再将在线客服人员和电话客服分开,降低了人力成本,提升了客服的工作效率和产出,同时也提升了客户的服务满意度。在线客服系统与呼叫中心的一体化整合将成为泛电子商务时代应用的趋势。

任务二 在线客服系统的使用

在线客服系统是一种网页版即时通信软件的统称。相比较其他即时通信软件(如 QQ、MSN 等),它实现和网站的无缝结合,为网站提供和访客对话的平台;网站访客无须安装任何软件,即可通过网页进行对话。在线客服系统共有的一个特点是:网站的所有者想要使用在线客服系统,必须先向在线客服系统申请一个账户,然后生成网页标签,就是一段代码,然后把这段代码嵌入网站网页当中。用申请的账户登录在线客服系统,就可以开始用了。

在线客服系统是以网页为载体,运用最新网络技术为网站访客提供与网站客服即时通信的高科技手段。在线客服系统是集即时通信、访客监控、流量统计、CRM 等于一体的先进互联网在线客服系统,广泛应用于网络销售、网站在线客服、网上呼叫中心等领域。访客端基于 WEB 开发,采用 B/S 架构,访客无须安装任何插件即可与在线客服人员文字对话或电话沟通。在线客服系统实用易用,可以帮助无数企业迅速提高网络销售效率。

一、在线客服系统的主要功能

▶ 1. 即时交流
当客户访问企业网站时,可以通过点击页面上的在线客服图标,实现和客服人员的对话以及各类信息的传递。当企业销售或服务人员离线时，还可以发送离线消息或是通过在线客服手机版，随时随地与网站上的客户进行沟通，不放过任何一次销售机会。

此外，网页即时通信的方式也越来越先进，过去都是弹出文字对话页面，客户不能同时浏览产品，切换窗口麻烦且可能错过发过来的对话消息。未来将成为主流的方式是边浏览页面边沟通，即对话窗口就在被浏览的页面内，可最小化、最大化，快速、易用。

▶ 2. 主动出击

客服人员可以根据访客的来源和进入网站后的浏览轨迹，了解客户需求，根据实际情况运用网站伴侣主动发出邀请并提供相应的服务。

▶ 3. 对话转接

客服人员可以将访客转接给相关的部门或人员，实现客户和工作人员的无障碍直接沟通，也可邀请多个相关部门共同服务顾客，对顾客的问题给出更专业、更权威的答案。

▶ 4. 报表统计

在线客服系统可提供强大的报表统计功能，以便企业更好地把握消费者心理。手机也可收到简单的核心数据短信或 WAP 报表。

▶ 5. 常用预存

在线客服系统通过常用预存功能，针对常见问题、常用网页、常用文件，制作预存客服标准答案、网页链接和文件，可以方便、快捷地回复客户，统一并提高企业服务形象。

▶ 6. 实施简便

在线客服系统采用先进的嵌入式代码设计，只需在企业的网站页面上插入一段代码，即可实现在线客服的全部功能。

▶ 7. 实时查看

访客端输入的文字内容，在访客提交之前，在线客服系统客服端可以通过实时查看功能看到，方便客服提前准备好答案，提高客服的响应速度，提升服务的品质。

▶ 8. 队列选择

当网站的访问量很大时，在线客服系统可以通过智能排队自动将访客分配给客服，使客服合理分担工作压力，把注意力集中在自己服务的访客上，保证工作的高效。

▶ 9. 访客来源追踪

客服可以通过在线客服系统的网站伴侣实时查看网站当前访客数量、来源、所在页面。

▶ 10. 轨迹功能

客服可以看到访客登录网站后先后访问过哪些页面，以及分别在各个页面停留的时间，帮助客服有针对性地介绍业务，同时也为企业了解客户最关心的信息提供依据。

二、在线客服系统的其他功能

▶ 1. 留言功能

当客服人员(下班或者走开)离线时，可以通过留言来收集客户反馈的问题，使服务实现全天候。

▶ 2. 客服管理

在线客服系统的客服管理包括客服权限的分配、客服分组、客服监控等功能。强大的客服管理功能，使在线客服能胜任更高要求的高端用户。

▶ 3. ACD 自动分配

在线客服系统可以根据客服的技能，自动分配客服的接待量，便于为客户提供更优质、周到的服务。

▶ 4. CRM 管理

在线客服系统 CRM 管理包括访客名片的建立、对话记录的管理、熟客识别等，为企业建立良好的客情关系数据库，帮助企业有效维护老客户和挖掘潜在客户。

三、在线客服系统介绍

通常我们所说的网站在线客服系统一般是基于网页的即时通信工具，它不需要在线客服安装任何软件，只需要在浏览器窗口就可以进行实时交谈，如图 5-2 所示。

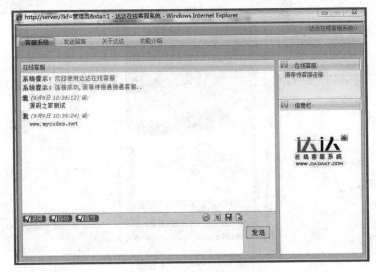

图 5-2 在线客服窗口

网站在线客服系统作为企业网站的客户服务和主动营销工具，必须具有主动营销、客服支持及客户关系管理方面的功能，结合各类统计数据及历史资料，可以使企业针对每一位网站页面的访客建立档案，以便提供个性化服务，达到变访客为客户的营销目的，使公司形象更为专业化。

为了避免客户因员工离开而流失，在线客服系统必须完整地保留员工与客户的交谈内容，以便能保持与客户的联系。

功能完善的网站在线客服系统还必须能够实时监控网站访问者的一切，包括访问者通过哪种途径来到网站、正在访问网站的哪个页面、停留了多久等，这些对于网络营销都是必不可少的。

在线客服系统还必须具有员工绩效管理的功能，只有这样才能更好地对员工进行系统化管理。

四、在线客服系统的优势

企业网站拥有一套实用的在线客服系统，正如找到了一位得心应手的商务秘书。

在线客服系统如雷达一样，可以实时监控网站，有效把握访客 IP、来源、搜索关键词、访问页面等信息，广告投放效果一目了然。对访客发起主动对话，化被动为主动，在线客服系统已广泛应用到政府机构、医疗行业、金融行业、教育行业、旅游以及电子商务等网站。下面以广东群英网络有限公司开发的 CC 客服为例分析在线客服系统的优势。

▶ 1. 手机与 PC 结合

在这个移动营销强势来袭的时代，很多在线客服系统都能够将 PC 网站和移动网站完美整合，访客无须安装任何插件即可发起咨询，访客可随时通过个人电脑、手机、平板等设备进行在线商务沟通，通过访客来访提醒、来源跟踪、身份自动识别、活动轨迹监控、消息预知等功能实现对进入网站访客的全方位动态监控管理，轻松把握访客需求。如图 5-3 所示。

图 5-3　手机在线客服

▶ 2. 即时在线沟通

企业可以融合网站风格、形象定位、用户特点等因素，自主设定有企业特色的个性化咨询图标、邀请窗口、访客对话窗口样式，更好地吸引访客咨询。比如在访客无须安装客户端，即能与客服人员建立在线对话，方便快捷。客服人员通过"直接对话"功能，向在浏览网站的访客主动发起会话邀请，有效提升对话率、抓住潜在客户。如图 5-4 所示。

▶ 3. 对接微信、QQ 等平台，数据统计方便

客服与微信平台对接，为商家微信公众服务号提供实时的消息收发功能，让客服能更好地与微信用户进行沟通交流，更好地满足访客的需求，提高目标客户的用户体验。在线客服系统整合 QQ、Skype、旺旺、微信、微博等平台，全面覆盖主流推广沟通渠道，帮企业紧紧抓住每一个意向客户，全面详尽地了解其地域、来源、网页、数量等信息，通过对这些信息的分析，为企业营销推广提供判断条件和科学依据。如图 5-5 所示。

另外，在线客服系统也正在朝着更实时、更快捷、更零距离的在线交流平台发展，如深圳偶偶软件公司研发出一款叫作"及时通"的真人面对面实时视频客服接待系统，如图 5-6 所示。通过这一平台，客服可以和客户进行更加方便、快捷、直接的沟通，让访客

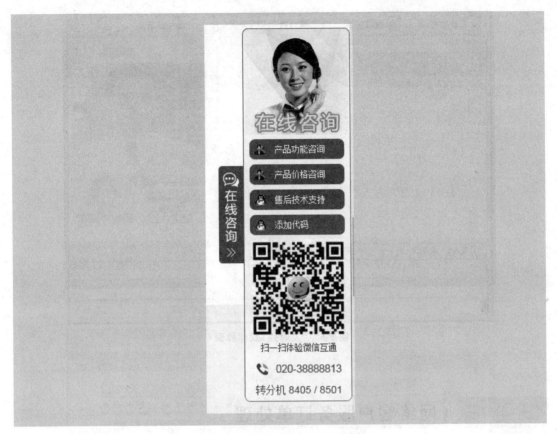

图 5-4 客服与客户进行即时在线沟通

图 5-5 在线客服系统示意图

变客户、让流量变销量，可以使网站由简单的企业的"网络名片"变成一个"主动营销型网站"，后台主持人可以随时与客户主动会话，了解他们在看哪个网页，立刻向他们介绍产品和服务，发掘更多的潜在客户，捕捉转瞬即逝的商机，降低运行成本，提高工作效率，获得用户的咨询与反馈信息，提升客户满意度。

图 5-6　"及时通"软件界面

任务三　网络客户服务订单处理

一、网络客户服务订单处理的基本流程

网络客户服务订单处理的基本流程为：订单接收——确认订单——付款——订单处理——配送发货——客户收货——资料入档。如图 5-7 所示。

二、网络客户服务订单的类型

▶ 1. 简单订单的客户服务

（1）静默订单的客户服务。简单订单的客户服务是网店客服工作最简单的任务之一，服务的内容相对较少。通过静默订单的客户服务，可学习客户服务的一般流程、方法。这种订单服务通常是在客户没有通过阿里旺旺和客服沟通，直接选择自己需要的商品下单并付款的情况下，制订出相应的客户服务方案。

（2）无异议订单的客户服务。无异议订单的客户服务是网店客服工作中相对简单的任务。客户只询问一些简单的问题即下单付款，客户可以通过阿里旺旺联系客服，只询问一些如产品的功能、尺码、材质、发什么快递、多长时间能到等简单的问题后即下单发货。

▶ 2. 复杂订单的客户服务

（1）价格异议订单的客户服务。价格异议订单的客户服务是网店客服工作中常见的情况，每个客户似乎都希望能够买到价格实惠、性价比高的产品，价格异议订单的处理对客

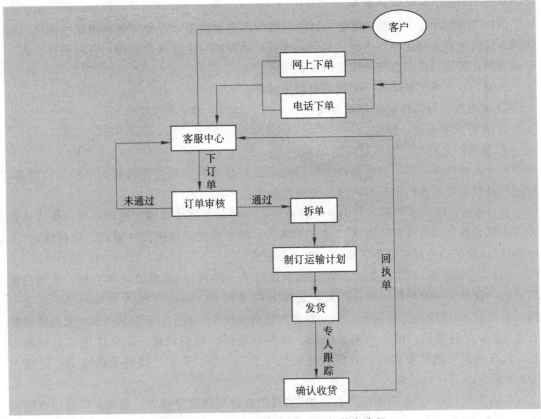

图 5-7 网络客户服务订单处理的基本流程

服的要求逐渐增加了难度。价格异议订单存在很多种情况，客服要根据不同的价格异议订单情况制订出客户服务方案。

例如，客户通过阿里旺旺联系客服，希望购买一件衣服，针对价格提出以下几种异议：

① 价格还能优惠吗？

② 你这件衣服比别人家的贵。

③ 我买一件，有什么赠送吗？

（2）物流异议订单的客户服务。物流异议订单的客户服务是网店客服工作中常见的情况，有的客户希望发服务好的快递，有的是网店提供的默认快递不到客户所在地，客户要求更换快递。物流异议订单存在很多种情况，客服要根据不同的物流异议订单情况制订出客户服务方案。

例如，客户通过与客服沟通，解决了关于产品、价格等方面的问题，最后商谈关于快递的问题，以下几种情况经常遇到：

① 我急用，可以给我发顺丰快递吗？

② 请给我包装精美一些，我是作为礼品赠送给朋友的。

③ 请注明快递要送货上楼。

④ 可以给我发 EMS 吗？只有 EMS 到我们这里。（前提是该店铺默认发圆通快递）

针对客户不同的物流异议，可以制订出物流异议订单客户服务的实施方案。

▶ 3. 问题订单的客户服务

（1）产品投诉订单的客户服务。目前网购投诉越来越多，各种信任危机充斥网络，有些投诉是因为产品问题而产生的。如何处理好产品投诉，平息客户怒火，同时使客户成为忠诚客户，需要很多的技巧和客服的真诚服务。

例如，客户通常发起的产品投诉有以下几种：

① 衣服尺寸与店铺说明相差太大。

② 衣服质量太差，掉色。

③ 我要的是红色，发的是黑色。

对于这些投诉，客户要收集产品投诉订单的信息资料，包括投诉原因、产品问题等，讨论产品投诉订单客户服务的内容、流程及方法。

（2）恶意订单的客户服务。电商蓬勃发展，一些制度及法律漏洞逐渐显现，来自不良买家或职业差评师的攻击让很多卖家苦不堪言，甚至造成经济损失，因此，如何练就"火眼金睛"，防范恶意订单成为客服的一项必备技能。

例如，2015年12月，卖家A在某网店卖出了一件价值60多元的羊毛衫，顺利完成交易后，收获了一个好评。没过几天，买家B联系到A，表示看到A的羊毛衫后感觉不错，要批发30件给员工做福利，于是双方开始讨价还价，最后，B提出1800元的货款要开具2800元的发票，税点由卖家倒贴。因为羊毛衫的利润较低，而且这笔又是批发生意，A并不愿意倒贴税点，双方没有达成交易意向。第二天，C找到了店主A，并通过QQ帮助B与其讨价还价。

A由于随口一句"我是不能开发票的"被截图投诉到网店管理方。后来，C通过电话联系A让A支付1000元钱就取消投诉。

对于这样的网店来说，一个差评并不能影响其店铺整体的好评率。但是，投诉又不一样了，一旦投诉被管理者受理就会被扣分，而且还要应付麻烦的调查，于是店家选择向差评师支付1000元，让对方取消投诉。

这种属于"钓鱼式"的恶意差评，通常由多人共同作案，会有简单的分工，以价格、质量、包邮等种种理由跟卖家谈判，最终目的就是让卖家说出不利于自己的话。

恶意差评师往往会选择交易量大、信誉较好的店铺，因为这些店铺实力比较强，能够接受数额不大的敲诈勒索，同时，不希望花时间应付买家的投诉，影响到自己的生意。

卖家有不少都遭到过恶意差评师的敲诈勒索，虽然造成的经济损失都不大，但是对卖家的信心却是一次沉重的打击。

恶意差评师等网络恶势力，是淘宝网、淘宝卖家和买家乃至整个诚信社会的共同敌人，客服人员需要快速收集信息资料和识别恶意订单，增强法律意识和熟悉规则，大家联合起来，共同抵制和打击这种恶势力，通过维权或报案来维护自身的合法权益。

知识拓展

如何应对不同类型的顾客

1. 习惯性买家

表现：没与卖家沟通就直接拍下了该产品。

应对：对这样的买家，要主动和其联系，核对商品及订单信息。

2. 理智买家

表现：目标明确，指定要购买某款商品，但对商品尺码、色差等信息需要咨询。

应对：这样的买家，需要客服足够了解自己的商品，做出专业的回答，得到买家的信任。

3. 无计划性买家

表现：没有明确目标商品，需要推荐。这类买家购买产品比较随性，看到喜欢的商品就拍。

应对：面对这样的买家，要根据其喜好为其推荐商品，并提醒其看清宝贝描述，避免售后麻烦。

4. 谨慎的买家

表现：防备心强，小心谨慎。

应对：最好的解决办法就是先建立友谊。不用着急推销自己的产品，先把自己推销出去，和顾客做朋友，一旦达成交易，这种买家可能是长久的顾客。

5. 挑剔的买家

表现：对商品要求多。

应对：需要用最中肯的态度回答顾客提出的疑问，从根本上打动顾客，不要吹嘘自己的产品。

思考练习

1. 简述网络客服的意义。
2. 在线客服系统的主要功能有哪些？
3. 简述在线客服系统的优势。
4. 简述网络客服的工作职责。

综合实训

实训目的：了解网络客服职业的现状。

实训内容：在各网站上查看对网络客服主管的招聘要求，并归纳出网络客服需要的素质和技能、网络客服工作内容等，结合自身的职业规划形成报告。

实训要求：通过分析不同网站的招聘要求，归纳总结网络客服需要具备的素质和技能。

实训条件：计算机房，提供网络环境以及 QQ 或 MSN 等即时通信软件。

实训操作：

(1) 登录不同类型的网站，如电子商务网站、企业网站等，了解网络客服情况，熟悉网络客服的服务流程等内容。

(2) 查看网站的网络客服的招聘信息及要求，体验网络客服的服务内容。

(3) 分析总结网络客服需要具备的素质和技能。

(4) 结合自身职业规划形成报告。

6 项目六
网站推广岗位技能

知识要点

网站推广的概念；网站推广在网络营销中的地位；网站推广的渠道和策略；网站推广的效果指标。

技能要点

网站推广渠道和策略选择的技能；网站推广持续运行与维护的技能；网站推广效果评估与分析的技能。

引例

网站运营中如何进行网站推广

当我们购买了域名、空间，辛辛苦苦做好了网站，每天更新信息，却发现网站的访问IP量总是个位数，而对于论坛来说，只是自己自娱自乐的一个平台。久而久之，我们的热情之火渐渐熄灭，网站只能走向覆灭的结果。下面的内容，适合推广新人学习。

网站的访问量，是一个网站的价值的重要指标。有了访问量，网站也才能赢利。那么，怎么才能增加访问量，增加网站的知名度，让网站"茁壮成长"呢？

那就是：对网站进行推广与优化。

网站的访客来源，无非就3种：一是搜索引擎来的流量；二是其他网站跳转来的流量；三是直接访问网址的流量。所以，针对这3种情况来进行推广和优化即可。

推广和优化是两个不同的概念，但它们又息息相关。优化，主要是针对搜索引擎的优化以及对用户体验的优化，推广可以理解为宣传。它们的最终目标，就是为网站增加访问量，留住访客。

1. 针对搜索引擎的优化

搜索引擎的优化已经成为一种流行的技术——SEO，目前已经发展成了一种职业。

搜索引擎优化的知识比较多，不是一两篇文章所能介绍完的，但针对搜索引擎的优化主要是两方面，即站内优化和站外优化。

站内优化需要掌握基本的 HTML 标签的含义与用法，如 H1～H6 标签的合理运用、图片标签的 ALT 属性运用、超链接标签的 title 属性运用、利于搜索引擎抓取的超链接分布、网站地图 sitemap 等。

站外优化，主要就是外部链接（以下简称外链）、友情链接等建设了。

2. 其他网站跳转来的流量

要想让访客从一个网站跳转到我们的网站，那么必须要在该网站有我们网站的链接了，包括友情链接。那些网站包括博客、个人网站、论坛、贴吧、问问、百科、大型网站、微博等。

通过博客推广：目前互联网上免费博客服务的网站有很多，如新浪博客、百度博客、搜狐博客、和讯博客、CSDN 博客、天涯博客、网易博客等。我们完全可以注册一批，花几个月时间把它们"养起来"，然后自己网站更新的同时，也转发到这些博客带上链接等信息。当然，随着新浪博客屏蔽百度，博客在搜索引擎的权重已经不复当年，想利用博客发外链的效果也是不复当年，但是万事不绝对，博客的效果依然是强大的。

通过论坛推广：高质量的论坛有很多。一个好的推广优化者，肯定会根据时间的推移，收集一大批优秀的可以带外链的论坛。这就需要一个积累的过程了。

通过贴吧推广：根据自己网站的内容分类找贴吧发帖，切记贴吧带链接是危险的，要掌握一个度。

通过问答推广：比如要推广 swift 社区。那么我们就可以找与 swift 语言相关的问答，去百度问问等的问答网站搜索相关的提问，然后根据情况来进行推广回答，但回答内容需要谨慎，不要把推广的目的表达得太明显。如果没有相关的提问，也可以自问自答。

根据个人经验，如要想带链接，那么最好的提问就是找资源下载的，然后回复带上该资源的下载页面的超链接。

通过百科推广：百科网站也有很多，百度百科效果比较好，但是编辑词条不好通过。一个词条往往要修改很多次才能通过。这个就看个人的本事了。

通过大型网站写软文投稿：说到推广，高质量的软文发布就是必要的了。发布高质量的原创文章到大型网站投稿，不但能带来高质量的外链以及流量，还可以增加知名度。如果时间足够，我们应该养成经常投稿的习惯，这是对推广非常有益的途径。如果文章能登上一线 IT 资讯网站首页，浏览及转载量都是非常庞大的，人气及外链之类也会自然而然地产生。

通过微博推广：新浪微博和腾讯微博的用户非常多，如果能积累一大批高质量的粉丝，那么 1 条微博甚至会被疯狂转载，带来很多的流量也不奇怪。

当然，根据个人的时间以及能力，方法也是多种多样的。对于有一定技术实力的人来说，比如会做主流开源程序模板、插件，完全可以做几套免费的模板或者插件，加上版权信息以及超链接。这样不仅可以提升个人的知名度，并且还会带来外链以及流量等。有些人可能会说了，版权很多人都会去掉，把链接删除，确实如此，但凡事都不是一定的。就像好人与坏人并存，有的人转载文章会署名以及带上原文地址，有的人会专门去掉，有的人也不会操作。并且可以技术创新，设置得更隐蔽，防止一般的小菜修改。

3. 直接访问网址的流量

直接访问网址的流量，主要可以通过邮件推广、QQ 好友、QQ 群推广来实现。

对于程序员来说，我们还可以开发一些实用的原创免费软件，在软件界面加上链接。

上面，主要是介绍一下网站推广的思路以及大概的路线，而每一个知识点都还有很多的需要学习的地方。并且，时代是进步的，搜索引擎的算法也会升级，而推广也会随着时间的推移增加更多的方法以及新技术。活到老，学到老，走在技术的前沿，才能更好地去运用技术。

（资料来源：匿名 . 网站运营经验总结：如何进行网站推广？［EB/OL］. http：//b2b. toocle. com/detail-6179966. html，2014-6-22/ 2016-12-16）

分析： 从以上对网站推广的方法描述可以看出，网站推广主管人员应该了解网站推广的各种渠道和选择依据，能够理解网站推广的各种策略，掌握组合各种策略进行网站推广的实践操作，以及网站推广的运行维护，从而保障网站的持续运营。

任 务 一 网站推广渠道选择

一、网站推广基本知识

▶ 1. 网站推广

网站推广就是以互联网为基础，利用信息和网络媒体的交互性来辅助营销目标实现的一种市场营销方式。其主要以网站作为营销的载体。总体来说，网站推广包括收费和免费两种模式。当前传播常见的推广方式主要是通过各种网站推广服务商购买网络广告，以及免费的网站推广模式，包括搜索引擎优化推广、电子邮件推广、社区论坛推广、博客推广、微博推广、微信推广、空间推广等。

网站推广可以从以下三个角度划分。

（1）按范围可以划分为对外推广和对内推广。对外推广就是指针对站外潜在用户的推广，主要是通过一系列手段针对潜在用户进行营销推广，以达到增加网站 PV、IP、会员数或收入的目的。

对内推广是专门针对网站内部的推广。比如如何增加用户浏览频率、如何激活流失用户、如何增加频道之间的互动等。以百度知道举例，其旗下有几个不同域名的网站，如何让这些网站之间的流量转化、如何让网站不同频道之间的用户互动，这些都是对内推广的重点。

（2）按成本投入划分为付费推广和免费推广。付费推广就是需要花钱才能进行的推广。比如各种网络付费广告、竞价排名、杂志广告、CPM、CPC 广告等。做付费推广一定要考虑性价比，即使有钱也不能乱花，要让钱花出效果。

这里说的免费推广是指在不用额外付费的情况下就能进行的推广。这样的方法很多，比如论坛推广、资源互换、软文推广、邮件群发等。随着竞争的加剧、成本的提高，各大网站都开始倾向于此种方式了。

（3）按目的划分为品牌推广、流量推广、销售推广、会员推广和其他推广。品牌推广指以建立品牌形象为主的推广。这类推广一般都用非常正规的方法进行，而且通常都会考虑付费广告。品牌推广有两个重要任务，一是树立良好的企业和产品形象，提高品牌知名度、美誉度和特色度；二是最终要将有相应品牌名称的产品销售出去。

流量推广指以提升流量为主的推广。在流量面前，大部分网站都不得不低下高贵的头。

销售推广指以增加收入为主的推广，通常会配合销售人员来做，具体情况具体对待。

会员推广指以增加会员注册量为主的推广。一般大家都以有奖注册或其他激励手段进行推广。

其他推广指其他一些针对性的、体现细节的专项推广，比如针对某个具体活动、具体对象等方面进行的推广。

▶ 2. 网站推广渠道

网站推广渠道是互联网上能够实现网站推广的各种网络应用服务平台。常用的网站推广渠道包括搜索引擎网站、网络广告服务平台、电子邮件工具、即时通信工具、论坛网站、博客平台、微博平台、空间网站、RSS 订阅工具、视频网站等。

网站推广渠道需要企业合理选择。比如，进行搜索引擎推广是需要按照企业的实践情况进行选择的，而不是一味地选择一种或几种推广形式。如百度是按点击量收取费用的，每个关键词按后台给定的价格进行收费，价高者位置在前，这种方式适合那些资金比较雄厚的企业。利用搜索引擎进行推广是一种很好的宣传方式，但如果不考虑自身的实际情况和企业定位，这种方式的推广也很可能带来资金上和品牌上的影响。

做付费推广一定要考虑性价比，建设网站不会花很多钱，但是进行推广的时候一定要考虑清楚，要先考虑自己的市场行情、产品定位、顾客群、区域性等，明确企业的客户人群和市场地位，做到可以灵活分配和随时调整跟进，这样才可以通过企业建立的网站把企业形象、产品、促进与客户互动的机会。

▶ 3. 网站推广营销

网站推广营销是实现网络营销的形式之一，是指通过网站推广带来访问流量，带来认知，带来关注，从而为转化成客户提供可能的一种营销手段。网站推广的最终目的还是要促进产品在线销售及扩大品牌影响力。网站推广营销除了利用各种网站推广渠道实现，从营销理念角度来看，还包括针对网站的创意广告营销、事件营销、试用体验营销、网站口碑营销、趣味游戏营销、知识营销、整合营销等。

新型的网站推广营销、促销有以下几种方式：

（1）网上折价。折价亦称打折、折扣，是目前网上最常用的一种促销方式。因为网民在网上购物的热情远低于商场超市等传统购物场所，因此网上商品的价格一般都要比传统方式销售时要低，以吸引人们购买。由于网上销售商品不能给人全面、直观的印象，也不可试用、触摸等原因，再加上配送成本和付款方式的复杂性，造成网上购物和订货的积极性下降。而幅度比较大的折扣可以促使消费者进行网上购物的尝试并做出购买决定。大部分网上销售商品都有不同程度的价格折扣。

（2）网上赠品。赠品促销在网上的应用不算太多，一般情况下，在新产品推出试用、产品更新、对抗竞争品牌、开辟新市场的情况下利用赠品促销可以达到比较好的促销效果。

赠品促销可以提升品牌和网站的知名度，鼓励人们经常访问网站以获得更多的优惠信息，根据消费者索取增品的热情程度而总结分析营销效果和产品本身的反应情况等。

（3）网上抽奖。抽奖促销是网上应用较广泛的促销形式之一，是大部分网站乐意采用的促销方式。抽奖促销是以一个人或数人获得超出参加活动成本的奖品为手段进行商品或服务的促销，网上抽奖活动主要附加于调查、产品销售、扩大用户群、庆典、推广某项活动等。消费者或访问者通过填写问卷、注册、购买产品或参加网上活动等方式获得抽奖机会。

（4）积分活动。积分活动促销在网络上的应用比起传统营销方式要简单和易操作。网上积分活动很容易通过编程和数据库等来实现，并且结果可信度很高，操作起来相对较为简便。积分促销一般设置价值较高的奖品，消费者通过多次购买或多次参加某项活动来增加积分以获得奖品。积分促销可以增加上网者访问网站和参加某项活动的次数，增加上网者对网站的忠诚度，提高活动的知名度等。

二、网站推广渠道类型介绍

▶ 1. 认识网站推广渠道

（1）搜索引擎推广。搜索引擎推广是指利用搜索引擎网站获得访客来源的手段。可通过免费的搜索引擎优化和收费的平台推广实现，免费的搜索引擎优化参见任务三，收费的平台推广如百度搜索推广，如图6-1和图6-2所示。

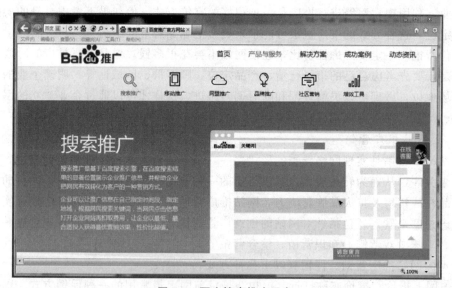

图6-1　百度搜索推广平台

（2）网络广告推广。网络广告推广是指在专业提供广告服务的平台发布网络广告，从而获得访客来源的手段。提供广告服务的平台包括门户网站、行业网站、分类网站、专业广告网站等，广告形式涉及文字、图像、动画、视频等。典型的专业广告网站主要以联盟的方式，迅速将广告发布到成千上万的加盟网站中，如百度网盟推广，如图6-3和图6-4所示。

图 6-2　百度搜索推广展示

图 6-3　百度网盟推广平台

（3）数据库推广。数据库推广是指收集目标用户的网络通信联系方式，建立起数据库，然后将推广信息发送给对方，以获得访问来源的手段。一般形式有即时通推广、电子邮件推广、短消息推广、订阅推广等。常见的电子邮件推广如图 6-5 所示。

（4）社交媒体推广。社交媒体推广是指登录各种社交媒体平台，与目标用户互动，在互动中将推广信息传达到对方，以获得访问来源的手段。常见的社交媒体平台有论坛社区、博客、微博、微信、互动空间等，推广形式如撰写软文、互动游戏、发起话题、回答问题、事件讨论、参与活动等。常见的微博推广如图 6-6 所示。

图 6-4　百度网盟推广展示

图 6-5　电子邮件推广展示

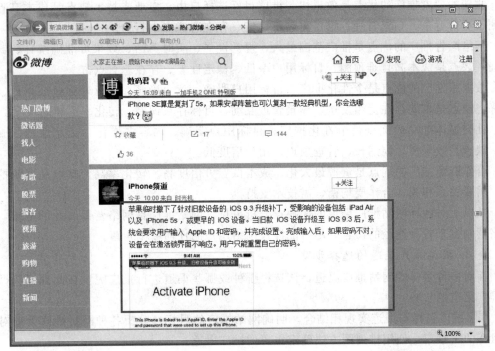

图 6-6 微博推广展示

（5）资源合作推广。资源合作推广是指与其他同行业或具有相关性的其他网站进行资源合作，从而合作双方相互获得访问来源的手段。合作的资源包括友情链接、广告互换、内容合作、用户资源合作等。常见的友情链接推广如图 6-7 所示。

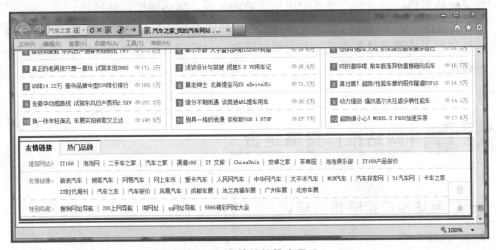

图 6-7 友情链接推广展示

除了以上推广渠道，网站推广实践中还形成了其他多种多样的推广渠道，在此就不一一介绍了。

▶ **2. 分析网站推广渠道**

搜索引擎推广分为免费的搜索引擎优化和收费的搜索推广。免费的搜索引擎优化的优点是成本低、可信度高、目标客户准确、效果可期，缺点是时间长、变化策略、持久优化。收费的搜索推广的优点是效果快、推广目标选择自由、专业支持，缺点是成本高且难预测、竞价竞争、频繁管理、推广排名不稳定、存在恶意点击行为。

网络广告推广的优点是推广范围最大、视觉性强、实时灵活、效果可准确统计、针对性强，缺点是成本高且难预测、目标用户率低、稳定性差、存在恶意点击。

数据库推广的优点是个性化推广、目标用户明确、竞争隐蔽、交互性强、成本低、效果好，缺点是可能存在泛滥发送、频繁管理互动、目标存在偏差、转化率不高的情况。

社交媒体推广的优点是个性化推广、目标用户明确、内容多样化、交互性强、成本低，缺点是效果慢、周期长、管理烦琐、用户信度低。

合作资源推广的优点是资源最大化、成本低、可信度高、转化率高，缺点是资源挖掘难、需要关系积累、合作要均衡、需技术支持。

从以上对各种网站推广渠道的优缺点分析可见，网站推广是网络营销展开的基础，为网络营销带来各种途径的访客，尽可能涉及网络用户的任何一个角落。

▶ 3. 网站推广渠道的选择步骤

面对多种多样的网站推广渠道，该选择哪种或哪些渠道进行推广呢？在此列出选择网站推广渠道的步骤：

（1）推广目标与渠道实现相结合。明确网站推广的目标，分析各种网络推广渠道对实现目标的贡献率，使用排列图方法确定主要的推广渠道。

（2）通过短期测试精准确定推广渠道。一般测试1～2个星期，根据渠道推广数据，筛选出实现目标的指标数据，再进行推广成本分析，使用直方图法确定最优的推广渠道。

（3）通过集中全面铺开选定渠道推广。根据选定渠道的推广策略，进行具体实施，并及时收集分析数据，纠正推广渠道中应用策略的失误，以达到推广目标。

（4）整合推广效果数据，形成报告。在推广期间形成各阶段各种推广渠道的效果数据报告，根据报告结果及时发现成功和失败的因素。以推广目标为导向，提出改进的网站推广渠道选择。

任务二　网站推广策略组合

一、网站推广策略相关知识

▶ 1. 网络广告

网络广告是指基于互联网的广告，即利用网络广告投放平台在网站上发布诸如广告横幅、文本链接、多媒体等形式的广告，达到通过网络传递到互联网用户的一种新广告运作方式。

网络广告具有全交互性、符合顾客利益、受众面广、成本透明等特点。全交互性即客户与广告者随时沟通、广告查看无时限要求、符合顾客利益即广告具有高针对性、能够降低广告成本、受众面广即面对广大人群，对受众技能无要求、成本透明即网络计费方式精准、客户免费获得广告信息。

网络广告能够实现企业的品牌推广、形象推广、销售促进、在线调研、客户关系管理、信息发布等网站价值。

▶ 2. 电子邮件

电子邮件是指一种用电子信息手段实现信息交换的通信方式。电子邮件是目前互联网应用最广的服务之一。通过互联网的电子邮件系统，用户可以非常低廉的价格、非常快速的方式，与世界上任何一个角落的互联网用户实现信息联系。

电子邮件的内容可以是文字、图像、声音等多种形式。电子邮件除了实现用户间的信息联系，还可以获得大量免费的新闻、专题邮件，并实现轻松的信息搜索，如邮件订阅等。电子邮件的应用极大地方便了人与人之间的沟通与交流，受到广大互联网用户欢迎并使用，促进了信息社会迅速发展。

▶ 3. 博客和微博

博客是 blogger 的音译，是一类由个人管理、不定期发表新的文章并提供讨论的网站。一个典型的博客结合了文字、图片、其他博客或网站的链接或其他与主题相关的媒体、互动留言等因素。大部分博客的内容以文字为主，目前，更多的博客专注于摄影、视频、音乐等各种主题。

微博即微型博客，博客的一种特殊形式，是指一类通过关注机制分享简短实时信息的广播式的社交网络平台。微博是一个基于用户关系信息分享、传播以及获取的平台。用户可以通过网页、手机短信、手机应用等各种客户端使用微博平台，以 140 个字符更新信息，并实现即时分享。微博更注重信息的时效性和随意性，能表达出每时每刻个人的思想和最新动态，而博客则更偏重于梳理自己在一段时间内的所见、所闻、所感。

个人使用博客和微博，形成了个人的自由表达、知识积累和深度交流。而企业使用博客和微博，则表达了企业的形象和表达、企业成长、企业交流互动、企业营销等企业因素。

二、网站推广策略组合操作

本任务以推广"未来电子商务有限公司"网站为项目，进行网站推广策略组合的操作。

▶ 1. 搜索引擎推广策略

本策略其一是通过搜索引擎优化的手段实现网站的推广，同项目三任务二的操作。其二是搜索引擎网站推出的关键词竞价排名。以百度竞价为推广渠道，其操作流程如下：

第一步，登录百度推广网站（网址：http://www2.baidu.com），注册并完善企业信息，成为推广成员，如图 6-8 所示。

第二步，根据搜索引擎搜索推广方案，进行充值，如图 6-9 所示。

第三步，进入搜索推广，如图 6-10 所示。

第四步，根据搜索引擎方案中的推广关键词，进行竞价查询、竞价选择等，开始竞价推广的内容，同时还可以利用提供的工具进行竞价分析和查询等分析操作。如图 6-11 所示。

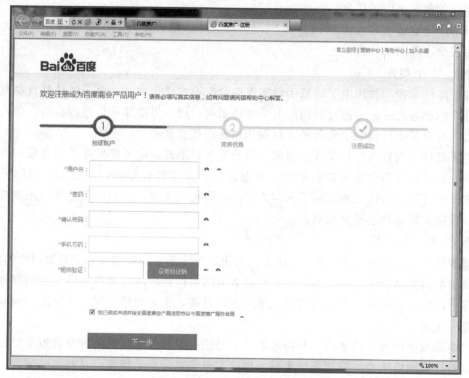

图 6-8　注册百度推广网站会员

图 6-9　百度推广充值页面

▶ 2. 网络广告推广策略

本策略是利用网络广告服务提供商进行网络广告推广。以百度网盟推广为渠道，其操作流程如下：

第一步和第二步参见搜索引擎推广策略中百度竞价推广的前两步。同时在推广方案中制作完成网络广告图片。

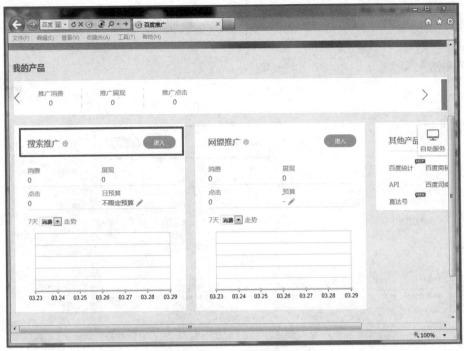

图 6-10 进入搜索推广

图 6-11 进行关键词竞价查询和竞价选择等

第三步,进入搜索推广,如图 6-12 所示。

第四步,根据网络广告推广方案,新建推广计划,包括设置广告投放目标、成本、日期及广告图片等。如图 6-13 和图 6-14 所示。

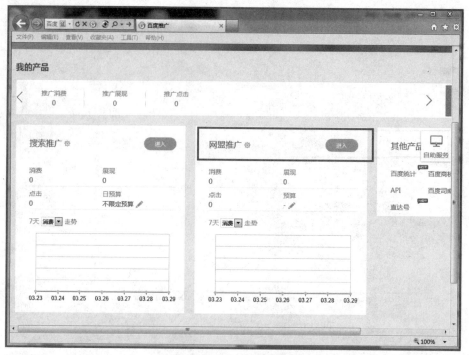

图 6-12　选择网盟推广

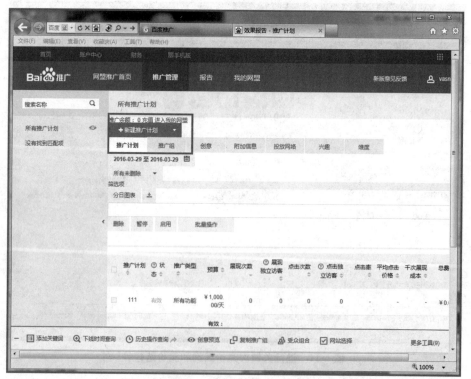

图 6-13　新建推广计划

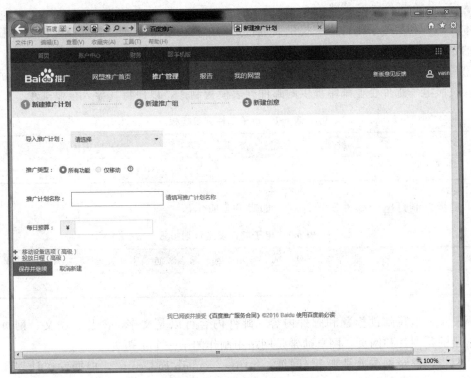

图 6-14 设置网络广告投放

第五步，分析网络广告投放效果，如图 6-15 所示。

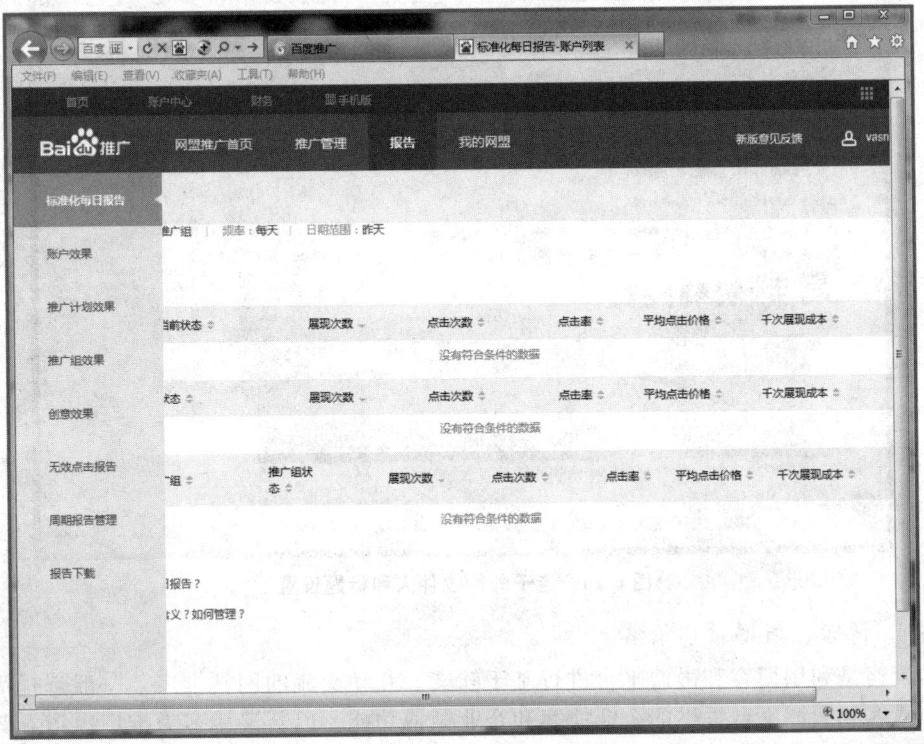

图 6-15 投放效果分析

▶ 3. 电子邮件推广策略

本策略是利用电子邮件服务提供商进行定向邮件内容推广，一般选择大型邮件服务商提供的企业邮箱功能。以网易电子邮件推广为渠道，其操作流程如下：

第一步，多途径收集和整理邮件地址，在 excel 中制作邮件列表。如表 6-1 所示，一般建议按照电子邮件企业邮箱提供的邮件列表模板制作，以便将其导入企业邮箱。

表 6-1　电子邮件列表模板

序　号	姓　名	邮件地址	用户类型	组　编　号	接收时间段	说　明

第二步，制订电子邮件发送计划，如表 6-2 所示。

表 6-2　电子邮件发送计划模板

序　号	时　间　段	收　件　人	组　编　号	负　责　人	注　意　事　项

第三步，填写邮件标题和邮件内容。邮件内容可以是文字、图片、图文、网页等类型，常用的是图片和网页，网页通常是网站中制作的某一个主题页。

第四步，登录网易企业邮箱（网址：http：//email.163.com），根据发送计划和内容进行电子邮件发送，如图 6-16 和图 6-17 所示。

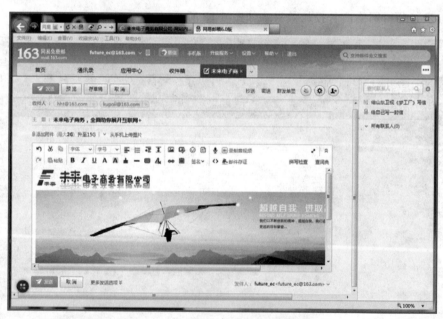

图 6-16　电子邮件收件人和标题设置

▶ 4. 博客、微博推广策略

本策略是利用博客和微博平台进行基于软文、互动交流的网站推广，一般选择活跃指数高的博客和微博平台提供的企业博客和企业微博功能。以新浪博客为推广渠道，其操作流程如下：

图 6-17　电子邮件内容设置

第一步，制订博客推广的计划和内容，如表 6-3 所示。

表 6-3　博客推广计划模板

序　号	时　间	推广任务	内　容	预期效果	结果描述	负责人	说　明

第二步，利用企业的电子邮件地址注册并登录新浪博客平台（网址：http：//blog. sina. com. cn），根据平台提供的流程，完成新浪博客的开通，如图 6-18 和图 6-19 所示。

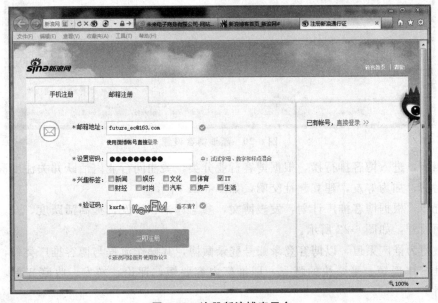

图 6-18　注册新浪博客平台

图 6-19　登录新浪博客平台

第三步，进入个人中心，进行博客信息的设置，填写企业的信息，一般包括博客名称、显示昵称、博客网址、博客页面、博客类型等，如图 6-20 所示。

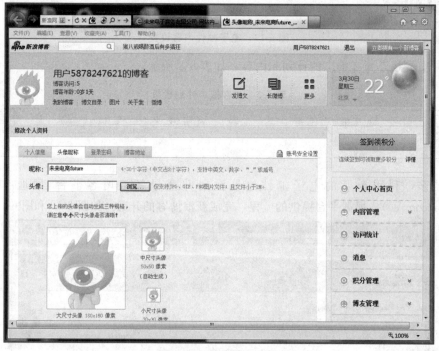

图 6-20　新浪博客设置

第四步，进入博客排行榜，根据博客行业分类，关注同行业内活跃并关注度高的博客或相关名博，加为好友，建立起社交圈，如图 6-21 所示。

第五步，根据博客推广计划，发表博文，参与评论和转发，提高活跃度，开始博客推广的全面展开，如图 6-22 所示。

以微博为推广渠道，以博客登录账号登录微博，其操作流程与博客推广类似，不同的是微博推广体现短、平、快的特点，即推广内容要短，评论、转发、收藏齐下，互动快速、及时。

图 6-21 关注博客好友

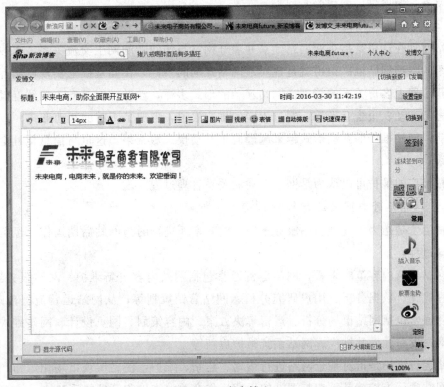

图 6-22 发表博文

▶ 5. 其他渠道推广策略

其他渠道推广一般是选择人气高、活跃度高、互动性和相关性强的网站平台，建立起该平台的社交圈，通过软文、故事、转发、提问、解答等交互形式实现。目前国内常见的这些网站平台涉及论坛、空间、交友等，如天涯社区、百度贴吧、QQ空间、猫扑、人人网等。其操作流程与博客推广类似，一般是注册成为网站会员、设置会员信息、关注好友、发表内容、互动等。

任务三 网站推广运行维护

一、网站推广运行维护相关知识

▶ 1. 网站推广运行维护的概念

网站推广运行维护是指网站推广展开后，负责网站推广的成本、内容、效果等因素进行转换和维护，最大限度地降低网站推广的成本，保证网站推广的正常运行和有效安全。

不同的网站推广渠道具有不同的维护内容和管理核心。搜索引擎推广管理核心是成本和效果，网络广告推广的管理核心是成本、效果和内容安全，电子邮件推广的管理核心是内容，博客、微博推广的核心是内容。

▶ 2. 网站互动的概念

网站互动在这里是指企业网站建立并展开网站与访问者的网上交流关系。可以说，本项目介绍的各种网站推广渠道就是建立起网站互动的"桥"，在此基础上实现网站互动的过程，展开了网上客户关系的管理。网站互动的形式多样，涉及即时互动、离线互动、阅读互动、思考互动、报告互动等，通过不同的推广渠道，形成了不同的互动形式。

当前，网站推广的互动形式越来越趋向于互动快、短、果，这也与信息化社会的发展趋势一致。

网站推广的维护可以认为是网站互动的关系管理过程。

▶ 3. 网站运营与网站运行维护

网站运营是指为了提升网站服务于用户的效率而进行的与网站后期运作、经营有关的一切活动过程。

从网站运营内容范畴来看，网站运营通常包括网站内容更新维护、网站服务器维护、网站流程优化、数据分析、用户研究分析、网站营销策划等；从网站运营流程范畴来看，网站运营通常包括网站市场分析、运营解决方案、内容策划、网页设计、网站维护、网站测试、网站发布、网站推广、网站系统维护更新等。

网站运行维护是指对某个网站进行策划、建站、维护，使之实现市场化运作。从广义来说，网站运行维护就是一切与网站的后期运作有关的维护和管理的活动。

网站运行维护通常包括网站需求调研、网页优化设计、数据迁移、新网站建设发布、日常维护、网站应急响应、系统监控、技术数据分析、网站应用培训等。

从以上描述可见，网站推广是网站运营的一个子过程和子内容，网站推广运行维护是网站运行维护的一个子内容。

二、网站推广运行维护操作方法

网站推广运行维护主要是针对已经选用的推广渠道进行过程与内容维护，保持网站推广的有效性。

本任务以采用网络广告、电子邮件、博客微博推广策略进行网站推广为项目，开展网站推广内容的运行维护操作。

▶ 1. 网络广告维护

一般网络广告服务商都提供了网站广告的管理后台或管理插件供网络广告进行维护。

前一个任务中选用了百度推广作为网络广告推广渠道，现直接登录百度推广管理后台进行维护操作，维护内容主要包括财务与预算维护管理、搜索推广维护管理、网盟推广维护管理，分别如图 6-23、图 6-24 和图 6-25 所示。财务与预算维护管理是及时响应财务变化对推广运行的影响。搜索推广维护管理包括推广计划、推广单元、关键词、展示样式、创意推广及推广报告等内容的维护。网盟推广维护管理包括推广计划、创意推广、投放网络、兴趣发现、关注维度及推广报告等内容的维护。

图 6-23　财务与预算维护管理

▶ 2. 电子邮件维护

前一个任务中选用了网易邮箱作为电子邮件推广渠道，现直接登录网易邮箱管理后台进行维护操作，维护内容主要包括邮件列表维护管理、邮件反馈维护管理、邮件效果维护管理，分别如图 6-26、图 6-27 和图 6-28 所示。邮件列表维护管理包括邮件列表分组、邮件列表导入导出、邮件地址个性化设置、邮件地址重要权重设置等内容的维护。邮件反馈维护管理包括反馈邮件标注、邮件回复、发送邮件到达情况、邮件分类、邮件备份等内容的维护。邮件效果维护管理包括邮件到达率、邮件获得流量、邮件客户兴趣等内容的维护，邮件效果通过百度统计的入口页面是邮件地址来源获得数据。

图 6-24　搜索推广维护管理

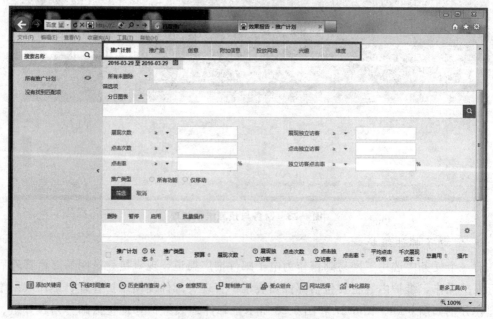

图 6-25　网盟推广维护管理

图 6-26 邮件列表维护管理

图 6-27 邮件反馈维护管理

▶ 3. 博客、微博维护

前一个任务中选用了新浪博客和微博作为博客微博推广渠道，现分别直接登录新浪博客和新浪微博管理后台进行维护操作，维护内容主要包括博友管理、博文管理、互动管理。这里以新浪博客展示，分别如图 6-29、图 6-30 和图 6-31 所示。其中，博友管理包括关注、加为好友、访客、黑名单等关系内容的维护；博文管理包括文章、图片、草稿、定时发布、收藏等内容的维护；互动管理包括评论、纸条、留言、邀请、通知等内容的维护。

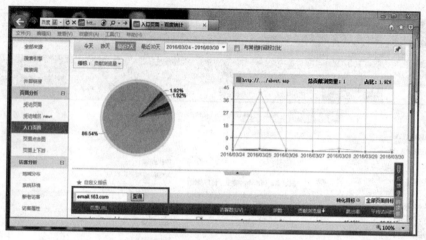

图 6-28　邮件效果维护管理

图 6-29　博友管理

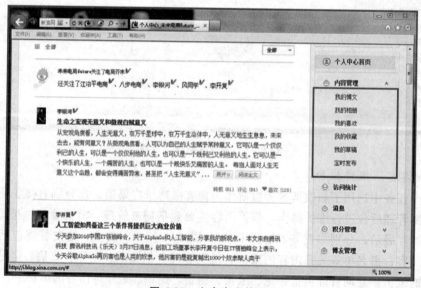

图 6-30　文章内容管理

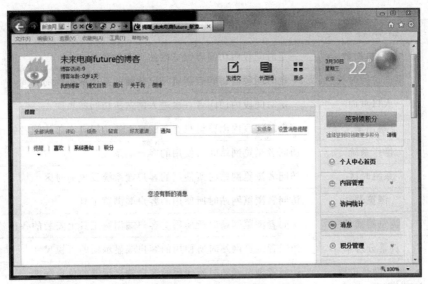

图 6-31　互动管理

任务四　网站推广效果评估

一、网站推广效果评估相关知识

▶ 1. 网站推广效果

网站推广效果通过各项指标的数据反映出来。实践中建立起了完善的效果指标体系，如表 6-4 所示。

表 6-4　网站推广效果指标体系

类别	指标名称	指标描述
访客类	访问者	访问网站任何网页的某一个特定用户
	新访问者	第一次访问网站的某一个特定用户
	回访者	访问网站的某一个用户，此用户此次访问前 24 小时内曾访问过此网站
	访客访问时长	访问者一次访问过程中在网站上停留的时间
	访问区域	访问者所在的地区或城市，一般通过 IP 确认
	访问来源	访问者进入网站的前一个网页、网站
流量类	访问量	一定时间段内所有访问网站的不同 IP 总数
	浏览量	一定时间段内所有浏览网站页面的次数总和
	IP 数	所有访问者访问网站使用的 IP 地址的总数

续表

类　　别	指 标 名 称	指 标 描 述
页面类	访问页面数	一定时间段内访问者浏览网站页面的数量
	页面访问时长	一定时间段内访问者浏览一定数量的页面所需要的时间
	入口页面	一定时间段内访问者首次进入网站所访问的页面
	跳出率	一定时间段内浏览量只有 1 的页面的访问者占总访问者的比例
全局类	操作系统	访问者浏览网站时所使用的客户端系统
	系统时区	访问者浏览网站时所使用的客户端系统设置的时区
	浏览器	访问者浏览网站时所使用的客户端浏览工具
	浏览器插件	访问者浏览网站时所使用的客户端浏览工具上安装的各种辅助程序
	屏幕分辨率	访问者浏览网站时所使用的客户端显示器的可视尺寸
	屏幕颜色位数	访问者浏览网站时所使用的客户端显示器的色彩深度
优化类	关键词	访问者在搜索引擎上输入的具有特定意义的字符或字符组合
	关键词类别	关键词按照某种语义或某种应用需求进行区分
	搜索引擎访问量	访问者通过搜索引擎进入网站的数量
报告类	日统计	按照标准 24 小时分成 24 个时间段进行统计的序列
	周统计	按照标准 7 天分成 7 个时间段进行统计的序列
	月统计	按照标准月份天数分成自然天时间段进行统计的序列
	年统计	按照标准年份月数分成自然月时间段进行统计的序列
	平均停留时间	一定时间段内，所有访问者的访问时长总和与访问者总数的比值
	平均浏览时间	一定时间段内，所有访问者的访问时长总和与总浏览量的比值
	平均访问深度	一定时间段内，总的浏览量与总的访问者的比值

▶ 2. 效果评估方法

网站推广效果指标数据反映了网站推广的各种项目，那么如何评估网站推广活动的水平，还需要选择评估方法进行评估分析。评估方法如表 6-5 所示。

表 6-5　网站推广效果评估方法

方 法 名 称	方 法 描 述
流量统计法	通过特定的软件系统统计和分析网站的浏览量等流量指标
专家评价法	通过规定程序对专家进行调查，依靠专家的知识和经验，由专家分析研究网站做出判断和评估
问卷调查法	通过抽样调查或在线调查的方式获取用户对网站的评价
综合评价法	建立加权的综合评价指标体系，通过技术测量、专家调查、用户调查等方法收集数据，采用定性和定量方法、比较分析法、模型分析法等统计和分析数据，根据体系指标作出综合评价

▶ 3. PR 值

PR 值，英文全称为 page rank，即网页级别，是用来表现网页等级的一个标准。PR 值是 Google 用于评测一个网页"重要性"的一种方法。PR 值范围是 0 到 10，PR 值越高，网页越重要，网页价值越高。

提高 PR 值有以下主要方法：

(1) 增加网站内容质量，不仅要保持原创性，而且要保证质量；

(2) 登录搜索引擎和分类目录，建立来自 PR 值不低于 4 且主题相关网站的友情链接；

(3) 撰写高质量的软文，发布到大型网站，使更多网站认可并转载；

(4) 网站提供有价值的内容，并进行搜索引擎优化；

(5) 防止链接到欺骗或 PR 值劫持的网站。

二、网站推广效果分析操作方法

与任务三相同，网站加入第三方专业统计，为网站提供实时、准确、专业的数据及其分析报告，这些数据和报告能够准确反映推广效果。本任务通过"未来电子商务有限公司"网站加入百度统计作为项目展开。

可以从以下三个指标进行网站推广效果分析，分析结果反映各种推广策略的应用效果。

▶ 1. 访客趋势分析

访客趋势反映了某段时间内进入网站的访客的变化过程。可以根据网站推广的时间安排表，查询网站推广后网站访客的变化趋势图和具体指标值，分析网站推广的效果。

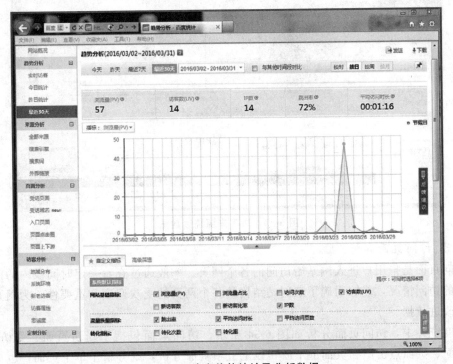

图 6-32 访客趋势统计及分析数据

百度统计中，访客趋势统计如图 6-32 所示，可以获得实时访客、今日访客、昨日访客和最近 30 天访客的变化趋势，分别以图和指标列表呈现，指标包括访客数、访问次数、新访客数、新访客比率、IP 数、浏览量、跳出率、转化率等。值得提出的是，如果要获得任何时间段的访客趋势数据，向百度统计付费即可。这些数据结果为各种网站推广渠道的效果评测和选择作出正确判断。

▶ 2. 访客来源分析

访客来源是指用户通过哪种方式进入网站。一般通过查看一定时间段内的访客来源构成，能够明确了解网站的成长与推广状况。通过访客来源的构成，能够对比分析各种推广渠道的效果。

百度统计中，访客来源统计如图 6-33 所示。可以根据访客来源网站获得来自各个不同网站的访客浏览量、访问次数、访客数、新访客数、IP 数、转化次数等，而区别网站推广的各种渠道也是通过网站区别，因此访客来源数据能够反映不同推广渠道带来的访客流量。这些数据结果通过对比分析获得各种网站推广渠道的综合效果指标，为网站推广的策略选择提供决策依据。

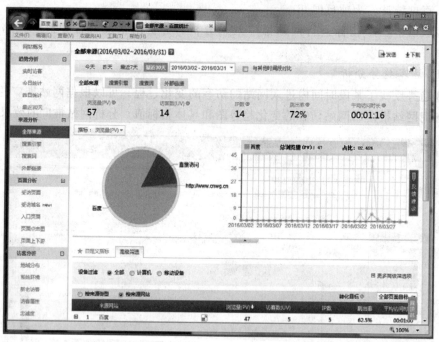

图 6-33　访客来源统计数据

▶ 3. 访问页面分析

访问页面是指用户进入网站后访问的各个网页。一般通过查看一定时间段内的网站各个网页的访问情况，能够明确了解网站结构的各个网页的受欢迎度和重要性，为网页的优化提供改进依据。

百度统计中，访问页面分析如图 6-34 所示。访问页面包括了受访页面、受访域名、入口页面、页面点击图和页面上下游。以上五项页面分析，既分析了单个页面，也分析了页面之间的关系和页面与外部之间的关系，能够反映访客访问网站的路径。可以对比分析各个网页的访问次数、访客数、新访客数、IP 数、贡献浏览量和转化次数等。这些数据结果通过对比分析为网站结构、网页设计优化等的进一步改进提供依据。

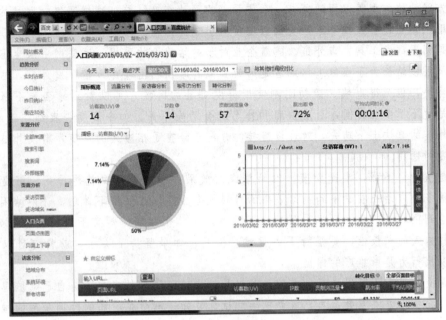

图 6-34　访问页面分析数据

知识拓展

新手做网站常出现的问题

如今的互联网就是一个知识库，无论你想要了解什么样的内容基本上都能够在互联网上找到答案，就目前的形势来看，在互联网中最不缺少的就是推广方式，而每一种推广方式的存在都有其价值，也确实能够产生一定的推广效果，关键在于推广专员能否正确地运用。如果推广专员对某一种推广方式了解得不深，那么使用该方式进行推广注定不会有效果，尤其是新手，会经常在推广中犯一些基础性错误。

一是外链单一化过于严重。百度是国内比较大的搜索引擎之一，在网民的心中有很高的权威性，很多刚刚接触网站建设的新手都会选择百度来做网站推广，这点是可以理解的，但是需要注意的是，并不需要每天拼命地在百度知道、百度贴吧上发外链，虽然每一条信息都是原创，都具有很高的价值，但是如果每天在同一个平台发布过多的外链，反而会被百度列入黑名单，导致链接被删、网站降权或被封等严重后果。所以要使外链多样化，在多个平台，如博客、论坛、门户类网站等地方来进行网站推广。

二是寻找捷径，欺骗搜索引擎。人类具有一定的惰性，在网站推广的过程中有很多站长想要寻找捷径，通过一些不正当的方式来进行网站推广，大量堆积和自己网站毫无关联的网站关键词，这是在欺骗百度搜索引擎，属于一种作弊的行为。虽然说这种方法能够让网站在短时间内获得很好的排名，起到一定的推广效果，但是一旦被搜索引擎察觉到，那么就必定会受到搜索引擎的惩罚，影响到网站的推广效果不说，还会导致网站降权。

三是盲目交换友情链接。友情链接的交换是属于站长们最常用的推广方式，并且该方式所收到的推广效果还是比较显著的，但或许有些站长刚刚接触网站推广，对于友情链接的交换规则不了解，在交换之前并没有观察对方网站的权重、关键词、排名、百度快照，以及对方网站的类型等，而随便与一个质量差的网站交换链接，这样不但对网站的推广起不到作用，甚至还会被拖下水，受到百度搜索引擎的惩罚。

四是利用群发工具发布外链。随着企业对于网站建设的重视，互联网中滋生出很多推广工具，很多站长为了应付工作或者是因为其他的原因利用软件大量群发外链，这样虽然排名上得快，但死得也快。最初刚刚使用群发工具的时候，可以看到排名是不断直线上升，但是过不了多长时间，百度快照和排名就会消失不见。如今百度一直都在不断更新，努力在外链的算法上下功夫，对垃圾链接的分辨已经有了相当大的进步，群发外链必定会受到百度的惩罚。

五是执行力不强，半途而废。网站推广的效果并非一朝一夕就能看见，需要长期坚持，但很多推广站长在看不到网站效果的时候就会放弃，往往停下计划，让网站闲置，这样怎能看到网站推广的效果呢？虽然说网站推广工作很烦琐，却又不能明确地看到效果，这样会打击人的积极性，要坚持下去很难。但是，如果坚持下去了，就肯定可以看到效果，所以执行力是做推广的保证。

六是没主见，不懂得思考。有的站长只是一味地跟风，从来都不会自己动脑思考，听别人说什么推广方式有效，自己就立刻去尝试，要知道网站在不同的时期采用的推广方式不同，并且不同类型的网站采用的方式也不同。网站推广需要结合自身企业最实际的情况来选择方案，所以不能盲目地随波逐流，要多动脑，多思考，多实践，只有这样才能找到最适合自己的方法，才能达到最佳的推广效果。

网站推广并非是一成不变的，它是一个不断进行的过程，在接触网络推广的过程中站长们或许会遇到这样或那样的问题，但是只要以一颗平常心去对待，努力坚持下去，去实践，去揣摩，总会看到推广效果的。

（资料来源：匿名．新手做网站推广最常出现的问题[EB/OL]．http：//www.wenshuai.cn/home/article/detail/id/377.html，2015-12-8/2016-12-16)

思考练习

1. 简述网站推广的渠道。
2. 简述网站推广的选择策略组合。
3. 以"未来电子商务有限公司"网站作为网站推广的项目对象，撰写一份完整的网络营销之网站推广的方案报告。

综合实训

实训目的：通过课外企业项目实践了解网站推广岗位需要具备的职业技能。

实训内容：以项目合作的方式参与企业网站推广的工作。

实训要求：参与实践，理解网站推广的工作要求和技能。

实训条件：提供网络环境的计算机房，本地中小型企业。

实训操作：

（1）根据实际情况分小组，每组 3～5 人。

（2）网上查找自己所在地区的中小型企业网站，选择其中一个网站。

（3）分析该企业网站，发现其网站推广策略方面存在的问题。

（4）联系该企业或网站负责人，以项目合作的方式进行合作洽谈。

（5）展开网站推广的实践活动。

（6）根据实践内容完成实训总结表，如表 6-6 所示。

表 6-6　实训总结表

专业：　　　　　　　　　　小组编号：　　　　　　　　　填写日期：

小组成员：

工号：

实训日期		实训地点	
实训课题			
实训过程记录			
实训分析			
经验体会			

项目七
网店店长岗位技能

知识要点

网上开店创业前的准备工作；网店建立初期的网站运营管理。

技能要点

网店装修设计。

引例

1800flowers 鲜花网站

如果想要更好地扩大网络消费者的数量与网络消费的范围，就必须从网站的设计与产品的特色服务着手，吸引更多的消费者浏览网站并产生消费需求。以下几个相关因素决定了该网站站长成功进行了网站的运营管理。

1. 产品因素

产品因素包含产品的功能、特性、品质、品种和样式等，是满足消费者需要的核心内容，也是影响网络消费者购买决策的首要因素。

首先，如图 7-1 所示，该网站与众不同的页面效果，给人的第一感觉不同于一般的网站。网站设计方面突出了网店自身的特色，主题鲜明，结构和背景使网店体现出自己独特的一面，以及自身的企业文化和经营理念，避免"千网一面"的现象，而且给消费者的感觉是轻松愉快的，充分吸引了消费者的注意力。

其次，网站上展示的产品个性化、独特化，并且提高了产品的显示效果。该网站面对不同的人群，根据不同的节气、不同的时间提供不一样的商品与服务。在一些细分市场里，消费者只在每年的情人节购买鲜花与巧克力等相关的礼物；而在另外的细分市场，消费者每年需要一些重要的生日提醒以及礼物、服务等。同时，该网站使用的产品图片清晰度很高，图像对比度高，颜色搭配好，动态地表现着产品，使消费者在视觉效果上产生了

图 7-1　1800flowers 网站的页面效果

很好的印象，对产品的质量也放心很多。如图 7-2 所示。

图 7-2　1800flowers 网站的产品显示效果

2. 价格因素

从消费者的角度来说，价格不是决定消费者是否购买的唯一因素，但确实是其购买商品时肯定考虑的一个非常重要的因素。该网站也采用了"特价热卖"的策略，而且还通过对价格进行分类设计来诱导消费者产生商品需求。如图 7-3 所示。

图 7-3　1800flowers 网站的产品价格

3. 便利因素

1800flowers 鲜花网站提供全天候、全年无休式递送服务。而且有专门的窗口供消费者快速查找，大大方便了很多消费者，如图 7-4 所示。

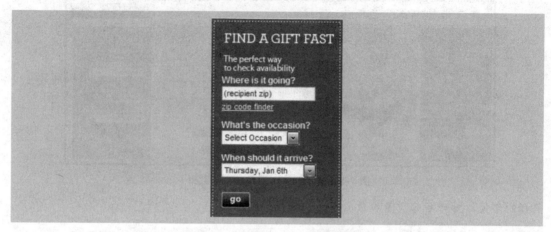

图 7-4　1800flowers 网站的便利性

4. 服务水平

网络营销服务水平的高低直接影响网络消费者的购买行为。1800flowers 鲜花网站进行了网上售前服务。消费者在打开网站的同时会看到网页弹出一个热线服务的对话框，通过客服可以对产品有更好的了解，而且客服能宣传和介绍产品的信息，确保消费者购买后放心。网上的售后服务也做得很好，消费者如有什么问题可以对其进行访问，而且可以对网站进行评论，从而帮助网站更好地提高知名度与信誉度。

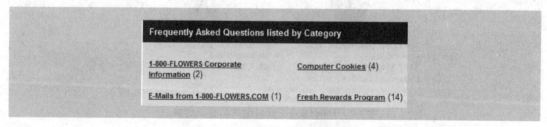

图 7-5　1800flowers 网站的服务展示

分析： 从以上引例可以看出，网站管理者应该了解网站运营的深刻含义以及所应配备的各种专业人员，正确理解客户服务的概念，熟练掌握客户服务的模式和技巧。网站运营的成功需要网站管理者能够综合运用电子商务的相关知识。

任务一　网上开店创业准备

一、进行理性的开店分析

在市场竞争日益激烈的今天，在决定开什么店、做什么生意前，都必须进行理性的分析。网上开店首先要考虑这样几个问题：是否在网上销售可以实质性地降低待售商品的各类成本，商品在网络上是否能够得到充分的了解，交易过程是否便于自动化；如果店铺进行实体与网店结合销售，传统的促销活动和宣传广告是否有益于网店的销售；商品是否具备全国性甚至全球性，网店的分销渠道是否可以满足网络消费者的需求。

二、网店资源分析

对网站进行功能定位时首先要考虑自身的财务状况是否能够支持一个大型网站的建设、运行和维护，是否能够配备足够的计算机、营销、美工、创意、客服等各类专业人员，所建网站提供的各种信息、服务、资源，能否被我国的法律环境和政治环境所接受。简单的商品销售网站最基本的投入主要包括硬件和软件两部分。硬件包括上网的电脑、扫描仪、数码相机、联系电话等，不一定非要全部配置，但要尽量配齐，方便经营；软件包括安全稳定的电子邮箱、有效的网下通信地址、网上的即时通信工具(如 MSN、QQ 等)等。

三、定位网店类型

从经验的实质上来说，商品销售网站主要分为网上直销型、电子商务型两类。不同形式的网站，其网站的功能、经营方式、投资规模也各不相同。应根据个人的实际情况选择一种适合自己的网店类型。开网店之前首先要考虑好经营什么产品，选择别人不容易找到的特色商品是一个好的开始，保证商品质优价廉才能留住客户。对网店定位，不要一直把注意力集中在开网店卖什么产品这些问题上，而要先弄清楚自己未来将要服务的客户群，再去找可满足他们需求的产品。如义乌购网站是为义乌国际商贸城各专业小商品批发市场提供信息化服务和网络贸易服务的大型 B2B 电子商务平台，关注客户的需求点、注重客户的体验，是与线下有形市场紧密结合的网上义乌小商品批发市场。如图 7-6 所示。

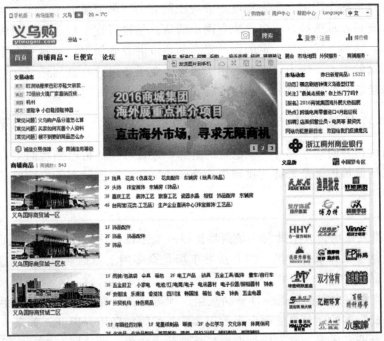

图 7-6 义乌购网上贸易平台

四、网店形象设计定位

成功的网店形象设计定位可有效地增强客户对网站的识别。

▶ 1. 网店的 LOGO 设计

网店的标志如同商品商标一样，是网店最醒目的标志，看见 LOGO 就让人想起该网店。

▶ 2. 网店的标准色以及标志字体选择

网店给人的第一印象来自视觉冲击，因此确定网店的标志色彩相当重要。不同的色彩搭配可能会影响到访问者的情绪。当然，标准字体的选择和网店的整体风格要相一致，一般可选用常用字体。

▶ 3. 网店的主题宣传标语

网店的主题宣传标语可结合商品的广告语来确定。如图 7-7 所示。

图 7-7　京东商城的 LOGO 及宣传标语

五、选择开店的方式

如果通过第三方平台建立店面，则要选择一个能提供个人店铺平台的网站，注册为用户。目前中国提供网上开店服务的大型购物网站有上百家，有影响的网站有易趣网、淘宝网、拍拍网等。详细填写自己店铺所提供商品的信息后为自己的店铺起一个响亮的名字，网友在列表中点击哪个店铺在很大程度上取决于网店名字是否吸引人。

如果资金充裕，可选择自立门户建立网上商店，是销售方亲自建服务器或申请虚拟空间所建的网店。这种方式需要一定的启动资金和相应的专业知识。构建一个完整独立的网站需要耗费大量的人力、物力，一般适用于企业。花了很大的心血构建好网址后，接下来就是运营。网店店长要做好充分的心理准备，将很多人力投入网站运营当中。

六、寻找货源渠道

网上商店做得好的商家都有一个稳定的货源。进货可选择自己熟悉的渠道和平台，但控制成本、保证低价进货是关键。找到物美价廉的货源，网店就有了成功的基石。下面是两种的货源渠道。

▶ 1. 实体进货

（1）大型批发市场。大型批发市场商品价格一般来说是比较便宜的，市面上卖的东西在批发市场里基本上都来自这里，因此批发市场是众多网上商店店主选择最多的货源地，如著名的小商品生产地——浙江义乌等。

（2）厂家货源。大家都知道一件商品从生产到流通到市面上再到消费者手中，要经过许多环节，如此之多的环节自然就会产生很多额外的附加费用。因此，如果直接从厂家进货，可大大降低商品成本，拿到比批发市场更低的进货价，而且拥有稳定的货源。

（3）特别进货渠道。可以通过多种途径获得市面上少见的产品，比如外贸尾单货。外贸尾单货价格通常十分低廉，但是品质绝对有保证，是一个不错的进货渠道。也可通过在国外的朋友寻找国外销售的品牌，在品牌换季或节日前夕，得到价格低廉的国外打折品牌商品。这种销售方式正被一些留学生所关注。很多海外代购采用的就是此种形式。

▶ **2. 网络平台进货**

网店通过网络搜索可以选择各类厂家，经过深度分析和信用度比较，在网上寻找到合适的货源。如阿里巴巴集团旗下的 1688 批发网（网址：https：//www.1688.com/），它汇集了海量供求信息，是全球领先的网上交易市场和商人社区。如图 7-8 所示。

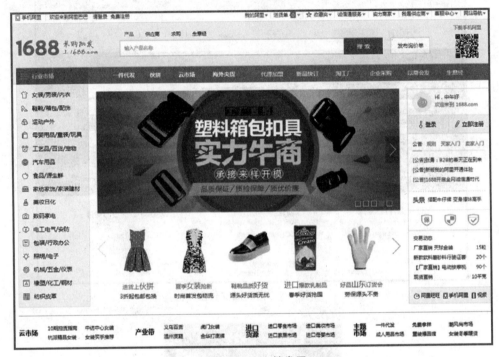

图 7-8　1688 批发网

七、考虑完善的支付和配送体系

支付与物流配送是制约我国电子商务发展的"瓶颈"之一，要使网店业务能够顺利进行，支付和配送完善是网店店长选择电子商务平台的重要标准。

▶ **1. 在线支付方式**

方便快捷的在线支付方式是提高网站销量的必备技术手段。目前中国国内的第三方支付产品主要有 PayPal（易趣）、支付宝（阿里巴巴）、财付通（腾讯）、百付宝（百度），其中用户数量最大的是 PayPal 和支付宝，前者主要在欧美国家流行，后者在国内流行。如图7-9、图7-10 所示。网店要选择比较成熟和完善的第三方支付平台。

▶ **2. 物流配送**

物流配送可根据实际经营的产品情况选择合适的快递公司。以邮政快递和顺丰快递为例：

邮政快递的优点是网点最多、遍布全国、全年无休；不足是价格高、保价费用高、服务差、时效性差，适合往偏远地区、节假日寄件。

顺丰快递的优点是服务好、时效性最高、坏件、丢件率低、保价费用低、全年无休；不足是价格高、网点相对少，适合是急件、重要件、贵重物品、节假日寄件等。

除邮政快递和顺丰快递以外的其他快递在价格、服务等方面相差不多，其优点是价格低、网点多；不足是服务差、时效性差（比邮政快递相对好些）、坏件或丢件率高、保价费用高、过年放假，适合价格低的产品。

图 7-9　网页版支付宝

图 7-10　手机版支付宝

任务二 网站运营管理

一、网站装修

用户打开网站，第一眼看到的是网站的装修。因此，网站的装修是网站运营管理的第一步。

▶ 1. 网站栏目设计

网站除了主页就是栏目页，栏目页的重要性仅次于主页，想要提高网站的整体品质，栏目页的设计显得尤为重要。网站栏目优化可以从网站顶部优化、整体页面布置、外部链接控制、友情链接控制这四个方面来着手。

（1）顶部优化包括对标题、关键词、网站描述的优化。企业型页面一般建议只做标题，门户网站建议每个内容都囊括进去。这些仅仅是建议，不同的网站肯定也会从读者的角度考虑，把自己的关键词做得更精准，让搜索引擎抓取得更快。

（2）整体页面的布置也是因网站类型而异，图文声色并茂，重点突出主要产品和客户服务两个中心主题，此外应该提供与产品相关的知识介绍和娱乐性内容，要有与客户互动的论坛、问吧等栏目，要在明显位置介绍公司的资质和联系方式。

（3）网站做链接时，都是选择外部链接相关的，同时根据首页优化方案来确定。

（4）友情链接的选择也很重要，企业网站如果是新站的话，建议还是链接一些完全相关的网站，这对网站自身的成长很重要，其他网站可以做些泛相关的友情链接。总之，不管做什么样的友情链接，数量一定要控制好，否则后果也是相当严重的。

栏目页的重要程度仅次于主页，关注网站栏目设计方法，对网站建设和网站优化都是非常有帮助的，所以网站栏目页的设计问题要多注意。

▶ 2. 网站文案写作

潜在客户浏览网站，从挑选产品到最终购买，其实是一个站长说服用户的过程，而这说服的过程最主要是靠网站的文字实现。内容新颖和实用是保持客户黏度的最主要手段。

网站文案的写作不仅仅需要对商品或服务进行深入了解，更需要研究心理学，充分利用文字说服潜在客户。写文案应尽量使用简短且能引发积极愉悦情绪的词汇。网站的文案不是论文，也不是公司业绩报告，文字水平要求不是很高，但是最好能让用户觉得不往下看会后悔。

▶ 3. 设计网站图片

在网站建设中经常会应用到图片，图片是吸引客户眼球的重要手段，要制作得体大方的产品宣传图片来点缀网站版面，有了图片的点缀后网站就会变得更漂亮，而且图片也直接影响到客户浏览网站的速度和客户的第一感觉，因此网页图片设计就显得很重要。网页中通常使用的图片格式有 GIF 和 JPEG 格式，GIF 格式适用于动画或者字体图像等内容，具有文件小的特点；JEPG（简称 JPG）格式适用于照片，像素高，显示效果好。当然还有很多其他格式，但使用原则相同。不要用小图片直接拉大来使用，这样会使图片显示质量明显下降，影响浏览效果。在保证质量的同时，应尽可能压缩图片，以提高网站访问速度。

要想设计出尺寸适当的图片，可以根据图片像素标签中的宽度与高度，通过改变图片尺寸大小来达到快速下载的目的，在压缩过程中做到不影响效果就可以，在设计过程中不一定把一张完整的图片缩小，也可取部分来设计，再经过压缩。在网页产品多的网站中可采用微型图片，微型图片比较小，可能给浏览者一种模糊的感觉，只有点击才能看到清晰的产品图片。微型图片的优点就是显示速度快。

▶ 4. 货品上架

做商品销售网站是为了销售产品或服务，达到赢利的目的。由于种种原因，在网店首页不要放置很多商品介绍。近几年相关专家对互联网的深入调查表明，网上购物者多为理智型消费者，事先对所需商品的特性、价格等都有一定的了解，会在相应的分类目录中进行精确的查找。因此，想要得到良好的销售业绩，就要拍摄效果良好的产品照片，以及对商品的其他信息，如货号、单价、会员优惠价、库存等一并写全。如果顾客查询不到想要的商品，就有可能很快离开网站，而去竞争者的网站。

同时可以把与商品相关的文章上传到网站，例如，在京东"发现"中的服装保养、流行趋势、服饰搭配等众多文章的发表，使网站图文并茂、内容丰富，网民浏览网站后，即使不买产品，也有较大的收获。

二、网店人员配置

网店店长要协调店铺与公司内部的各项资源配置，合理进行以下人员配置，有效提高各项工作绩效与能力。

▶ 1. 图片设计员

网站由很多图片构成，网站上的商品也是以图片的方式来展示，所以成功的网站离不开图片，当然也需要熟练的图片设计专员。

图片设计专员一般是计算机或者美术类专业毕业的人员，应该熟练操作 Photoshop、Illustrator、Flash 等图形软件，并掌握简单的摄影技巧，同时需具备良好的审美能力和深厚的美术功底，有较强的平面设计和网页设计能力。

良好的产品图片能够提高网站的销量，例如，卖服装的网店应该挑选身材较好的模特，拍摄所卖服饰各款式的正面、背面、侧面照片，经过精心处理，发布到网站上。对于产品的细节和商标，应该有专门图片显示，并配有文字说明。

当网站对图片要求不高的时候，也可考虑外聘兼职人员担任图片设计工作。例如，销售电话卡的网店，就可以考虑外聘兼职人员，以便降低人工成本。

▶ 2. 内容编辑员

网站内容编辑专员往往被忽略，或者由技术人员兼任。很多网站由于没有专职人员，使网站内容匮乏，长期不更新，最终导致网站无人问津，形同虚设。所以内容编辑专员是非常重要的岗位，一定要选择合适的人员。

网站编辑与杂志编辑的职责相类似，可见是非常重要的一个岗位。有的店长认为只有像新浪、搜狐等那样的门户网站才需要网站编辑，而个人小网站则不需要。这是一个非常错误的观点。

任何一个网站要吸引客户，并让客户长期光顾网站，除了靠物美价廉的产品外，还需要免费的公益内容。例如，卖化妆品的网站，除了好的化妆品外，还需要为客户提供大量保养皮肤的知识；卖女鞋的网站，除了要有新颖的款式外，还需要为客户提供大量与服装搭配的方案、国外鞋款流行趋势、足部护理和皮鞋保养方法等相关知识。这样才能让客户感觉网站很有"看头"。

此外，网站编辑还要写与产品相关的博客和论坛等内容。

归纳起来，网站内容编辑的主要工作内容包括以下几个方面：

（1）负责网站文字、栏目、广告、版式的策划和信息内容的搜集、把关、规范、整合和编辑，并更新上线及维护，定期配合网站的升级和改版；

（2）管理和维护社区，完善网站功能，按照网站制定的内容规划与标准，完成采写和组稿；掌握版面设计、排版等相关流程，并同时提升用户体验；

（3）收集、研究和处理用户的意见和反馈信息；

（4）组织策划虚拟社区的推广活动及相关业内文章的撰写；

（5）进行作者媒体资源开发，以及与合作伙伴关系的维护；

（6）独立进行活动、专题的策划，协助完成频道管理与栏目的发展规划，促进网站知名度的提高。

网站内容编辑一般是中文专业、新闻专业等专业人员，热爱网络工作，社会活动能力强，具有敏锐的观察判断力、深厚的文字表达能力和较强的抗压能力，对网站的产品所在行业非常热爱，对产品的商业指标和技术指标非常熟悉。

▶ 3. 客户服务员

客户服务通常是通过电话进行，但也可以通过电子邮件、聊天、传真、自服务进行。客户服务专员负责与客户交流和沟通，往往分为售前服务、售中服务和售后服务。当公司规模较小时，客服人员又与销售业务人员合为一体。

售前服务包括市场调研、产品设计、提供产品说明书、提供咨询服务等内容。

售中服务指在产品交易过程中销售者向购买者提供的服务，如接待服务、提货服务、产品包装服务等。

售后服务指凡与所销售商品有连带关系，并且有益于购买者的服务，主要包括送货、安装，以及产品退换、维修、保养、使用技术培训等方面的服务。

要使网站发挥作用，客户服务专员必不可少。有些公司由于没有专人负责，一段时间以后才发现网站里有几百个业务咨询留言或电子邮件，白白流失了许多业务机会。

要做一名合格的客服人员，应具备严谨的工作作风、热情的服务态度、熟练的业务知识、积极的学习态度，能够耐心地向客户解释，虚心地听取客户的意见，具备一种客户至上和整体服务的观念，同时需要打字熟练（每分钟 80 字以上）、办公软件使用熟练、对产品各项指标和价格熟悉。

客户服务专员可兼任商家满意度和信用度调查工作，在与顾客沟通的过程中进行满意度和信用度的调查分析。满意度和信用度是由站点根据顾客对商家的投诉情况进行动态设置的。商家可以查询满意度和信用度，以确认顾客对网店的满意程度。

随着"互联网＋"时代的到来，售后服务成为各大网上商店的必争之地。售后服务包括用户服务和对于用户意见、退货和商品缺陷等问题的解决，售后服务的好坏直接影响到用户的满意度和网站的后续收益。因为一旦发生退款或者其他的服务问题，就会直接影响到网站的销售业绩和用户关系。

▶ 4. 订单处理员

网店基本模块设置完成后，店长可以设置专门负责订单的人员通过此模块管理顾客生成的商品订单，主要是验证订单的真实性，同时也可以查询浏览已成交的订单，及时进行相应的订单后续处理，如订单反应迟钝有可能导致顾客取消订单。同时订单处理专员仍可兼任对本网店的销售情况进行统计的工作，统计内容包括热销产品、注册用户、支付方式等，实时反映网店的销售经营情况，对相应的情况进行相应销售策略的调整。

▶ 5. 技术维护员

技术维护专员主要负责系统的数据备份、病毒防范、故障排除等工作。对于规模较小的网站，可外聘兼职技术维护人员。

关于网站速度和银行划账出现的问题，很多网店店长并不重视。网站速度是所有网站应该具备的最基本要素，会直接影响顾客的购物心理，谁也不愿意在一个反应速度极慢的网店体验缓慢购物的过程。如果没有完成付款，那么订单是没有任何意义的。不要认为链接到银行的支付系统就和网站没有关系了，在网上支付阶段仍然有很多意外会造成网上购物的失败。例如，一些银行的支付系统只弹出一个小窗口，出现意外之后竟然无法刷新网页，连返回到购物网站的页面也不可能，只能关闭窗口，订单是否最终完成也无法确认。因此，网店店长应及时提醒技术维护员时刻注意这两个关键的节点。

▶ 6. 仓储员

对于规模较大或者销售业绩很好的网店店主来说，单独设置仓储专员是非常有必要的。顾客都希望能以最短的时间收到货物，因此当网店接收到订单并进行订单处理后应及时进行配送。同时要求网店店主在网站的明显位置注明物流的方式，网站上的配送信息不能马虎，没有按时配送商品很可能会被顾客拒收，尤其对于货到付款的订单。

▌ 三、数据备份

数据备份是指为防止系统出现操作失误或系统故障导致数据丢失，而将全部或部分数据集合从应用主机的硬盘或阵列复制到其他存储介质的过程。传统的数据备份主要是采用内置或外置的磁带机进行冷备份。但是这种方式只能防止操作失误等人为故障，而且其恢复时间也很长。随着技术的不断发展，备份工具层出不穷，如 DBFen 在线数据备份（其提供在线的企业和个人的数据备份）、Windows 本身内建的备份程序、应用系统本身的备份工具（如 SQL Server/Oracle）、向第三厂商（备特佳、全球盾、Eubase、IBM 等）购买专业备份系统或使用常用的 Zip/RAR 压缩等工具。

随着数据的海量增加，越来越多的企业采用网络备份。网络备份一般通过专业的数据存储管理软件结合相应的硬件和存储设备来实现。例如，借助云计算技术来备份保护数据，通过使用现有的网络基础架构或连接互联网，可以自动将数据备份到高度安全的异地数据中心，并且能快速应对多种类型的数据丢失或灾难，还能够随时随地恢复数据，帮助企业节省时间和资金。

　　做好网站的技术维护工作是网站正常运营的必要前提和保障。及时做好网站数据库备份是网站站长要做的日常工作，一般每周至少备份一次，最好每天备份一次。

知识拓展

网站类型

　　1. 门户网站

　　所谓门户网站，是指通向某类综合性互联网信息资源并提供有关信息服务的应用系统。门户网站是大家都很熟悉的一种类型，门户网站分为搜索引擎式门户网站、综合性门户网站、地方性生活门户网站和个人门户网站。综合性门户网站是以新闻信息、娱乐资讯为主，网站以新闻、供求、产品、展会、行业导航、招聘为主的集成式网站，如新浪、搜狐、网易等。当下最流行的网站属地方性生活门户网站，一般包括本地资讯、同城网购、分类信息、征婚交友、求职招聘、团购集采、口碑商家、上网导航、生活社区等频道，网内还包含电子图册、万年历、地图频道、音乐盒、在线影视、优惠券、打折信息、旅游信息、酒店信息等非常实用的内容。

　　门户网站的收益主要靠广告收入，也可以靠产品销售、付费阅读文章、付费下载软件等手段取得。

　　2. 百科网站

　　百科网站是一个互联网所有用户均能平等浏览、创造、完善内容的网站知识百科平台。所有互联网用户在百科网站都能找到自己想要了解并且全面、准确、客观的网站资料信息及与网站相关的互联网知识。百科网站已成长为业内最具影响力的上网知识百科全书之一，如百度百科等网站。

　　百科网站的收益主要靠建立在该行业的权威性，从而招募代理商加盟；也可以通过在主要词条中加入链接本公司官方网站的方式，促成产品的购买行为；也可以靠部分广告收入。

　　3. 论坛网站

　　网络论坛 BBS(bulletin board system 或 bulletin board service)中文叫电子公告板，是因特网上的一种电子信息服务系统。它提供一块公共电子白板，每个用户都可以在上面书写，同时在 BBS 站点上可以获得各种信息服务、发布信息、进行讨论、聊天等，如淘宝论坛等。

　　论坛网站本身是没有收益的，主要是用于宣传公司产品，获得产品的销售收入。

　　4. 分类信息网站

　　分类信息又称分类广告，电视、报刊上所做的广告，往往是不管受众愿不愿意，都会强加给受众，这类广告为被动广告；而人们主动去查询的招聘、租房、旅游等方面的信息，称为主动广告。在信息社会逐步发展的今天，被动广告越来越引起人们的反感，而主动广告却受到人们的广泛青睐。

　　分类信息网是互联网新兴起的网站类型，如同在网上打小广告，内容涉及日常生活的方方面面。人们在这些网站里面可以获得免费、便利的信息发布服务，包括二手物品交易、二手车买卖、房屋租售、宠物、招聘、兼职、求职、交友活动、生活服务信息，如58

同城、赶集网等分类信息网。

分类信息网站主要靠收费信息展示位来获得收益。一般信息的发布是免费的，但由于信息海量，容易被淹没，为了将信息放在较前的位置，客户就得付费，同时网站也可以靠部分广告增加收入。

5. 贸易平台网站

贸易平台网站是某公司专门搭建的一个网络商城，吸引众多卖家在网络商城中开店或发布产品信息，吸引众多买家在其中购买商品。商城开办者本身不参与买卖交易，而是靠收取中介费赢利。

贸易平台一般可分为 B2B、B2C、C2C 三类。B2B 典型网站有阿里巴巴，B2C 典型网站有当当网和亚马逊网等，C2C 典型网站有淘宝网、拍拍网、易趣网等。

贸易平台网站是靠收取网店租赁费、买卖交易费用、会员注册费用、前置位置竞价费、广告等获得利润。

6. 交友网站

交友网站是基于网络平台的广泛性、互通性、娱乐性、经济性、安全性等优点，于 21 世纪初出现在网络交流方式中的互动型服务网站。网络交友较其他交友方式更加经济、安全、健康。上网条件非常便利，上网费用也极其低廉，无须耗费大笔的资金去请朋友们吃喝玩乐就可以增加感情、友情，甚至恋情。网上交友因其可以异地开展文字、音频、视频聊天，无须面对面地在一起，这样就减少了犯罪的概率。网络交友因其所进行的活动都是通过网络进行，很大程度减少了网络之外的交友开销，进而减少了对地球的污染与浪费，因此是一种健康的交友方式。现阶段比较受欢迎的婚恋网有百合网、世纪佳缘网、有缘网等。

交友网站主要靠注册会员然后获得会费收入，但一般情况下普通会员免费，高级会员收费，高级会员拥有更多权限。

7. 社区互动网站

社交类网站起源于美国，专指旨在帮助人们建立社会性网络的互联网应用服务。产品及服务社交网，又称社交网站，英文名称为 SNS，全称 social network site，国内有开心网、人人网、阔地网等，国外有 Facebook、Myspace。此类网站一般以广告收入赢利。

思考练习

1. 与传统零售业相比，网上销售有什么潜力？
2. 运用网上商店运营模式的知识分析一下"唯品会"的运营模式。
3. 建立网店之前要进行哪些准备工作？
4. 卖家如何选择网店的建立平台？
5. 网店店长要具备哪些基本技能？
6. 到淘宝网上开一个网店，如果是卖衣服的网店，可以设置哪些栏目？
7. 作为服装网店的客服，可以罗列哪些常见问题放置在网店里？
8. 如何成功经营一个网店？

综合实训

实训目的：了解并分析京东商城网址：（http：//www.JD.com/）的网站运营管理。

实训内容：

（1）了解京东商城的发展历史。

（2）分析京东商城的网站类型、市场定位及服务对象。

（3）了解京东商城的交易流程。

（4）了解京东商城的支付方式。

（5）了解京东商城的物流配送体系。

（6）了解京东商城网站的技术构架。

（7）分析京东商城的栏目与板块设置、网页设计风格及各种搭配、网站的目录结构和链接结构设计的特点。

（8）分析京东商城取得成功的原因及未来所面临的挑战。

实训要求：通过分析京东商城网站的内容，完成实训内容，深刻理解与巩固本项目内容。

实训条件：提供具备网络环境的计算机房。

实训步骤：

（1）登录京东商城网站，了解该网站的基本发展历史。如图7-11所示。

图7-11　京东商城简介页面

（2）通过百度百科网站或者通过网站商品分析京东商城的网站类型、市场定位及服务对象。如图7-12所示。

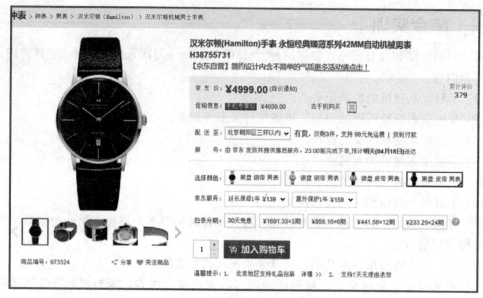

图 7-12　京东商城产品页面

（3）进行商品的模拟购物，熟悉京东商城的交易流程。

（4）了解京东商城的支付方式。如图 7-13 所示。

图 7-13　京东商城的支付方式

（5）了解京东商城的物流配送体系。如图 7-14 所示。

图 7-14　京东商城的配送方式

（6）要了解京东商城网站的技术构架，就必须用其他编辑代码的软件进行导入分析。对网站的初步了解可通过如下操作：右击鼠标，然后点击"查看源"，出现记事本对话框，可进行网站的初步代码查看。如图 7-15、图 7-16 所示。

图 7-15 京东商城网页

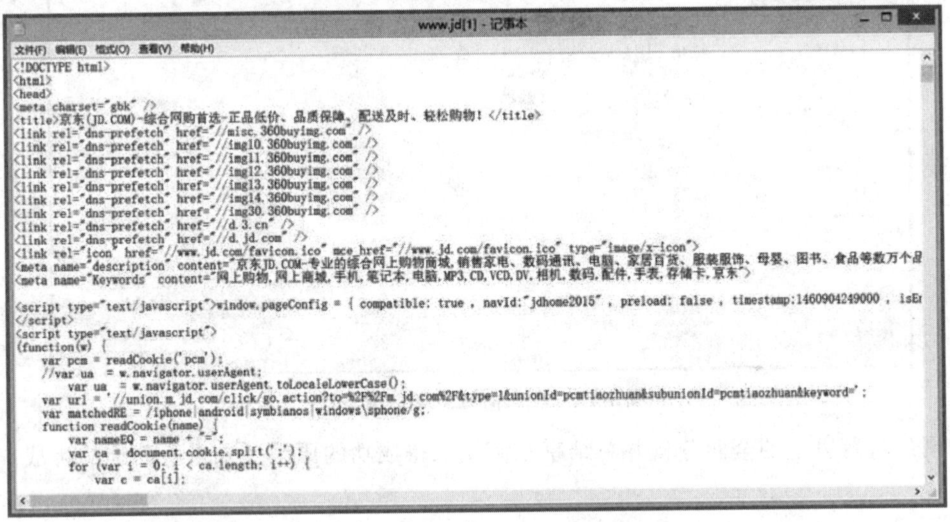

图 7-16 京东商城的基本技术构架

（7）对京东商城的栏目与板块设置、网页设计风格及各种搭配、网站的目录结构和链接结构设计进行分析并总结概括。如图 7-17、图 7-18 所示。

图 7-17 京东商城网页的基本结构

图 7-18　京东商城网页结构设计

（8）对网站进行以上的全面分析并总结京东商城取得成功的原因及未来所面临的挑战。

附　录
网络营销实战案例分析

附　录　A　跨境电商——亚马逊与京东

亚马逊公司是美国最大的一家网络电子商务公司，位于华盛顿州的西雅图，是网络上最早开始经营电子商务的公司之一。亚马逊成立于 1995 年，一开始只经营网络的书籍销售业务，现在则扩展到了范围相当广的其他产品，已成为全球商品品种最多的网上零售商和全球第二大互联网企业。亚马逊公司旗下还有 Alexa Internet、a9、lab126 和互联网电影数据库(Internet Movie Database，IMDB)等子公司。

亚马逊及其他销售商为客户提供数百万种独特的全新、翻新及二手商品，如图书、影视、音乐和游戏、数码下载、电子和电脑、家居园艺用品、玩具、婴幼儿用品、食品、服饰、鞋类、珠宝、健康和个人护理用品、体育及户外用品、玩具、汽车及工业产品等。

2004 年 8 月，亚马逊全资收购卓越网，使亚马逊全球领先的网上零售专长与卓越网深厚的中国市场经验相结合，进一步提升客户体验，并促进中国电子商务的成长(图 A-1)。

图 A-1　亚马逊综合网购商城

亚马逊的营销活动在其网页中体现得最为充分。亚马逊在营销方面的投资也令人瞩目：亚马逊每收入 1 美元就要拿出 24 美分搞营销、拉顾客，而传统的零售商店仅花 4 美分就够了。

　　亚马逊致力于成为全球最"以客户为中心"的公司，目前已成为全球商品种类最多的网上零售商，其采用了折扣价格策略，通过扩大销量来弥补折扣费用和增加利润。亚马逊对大多数商品都给予了相当数量的回扣。亚马逊促销策略分别是广告、人员推销、公共关系和营业推广，在亚马逊的网页中，除了人员推销外，其余部分都有体现。

　　此外，亚马逊在节流的同时也积极寻找新的利润增长点，比如为其他商户在网上出售新旧商品和与众多商家合作，向亚马逊的客户出售这些商家的品牌产品，从中收取佣金。使亚马逊的客户可以一站式地购买众多商家的品牌商品以及原有的书籍、音乐制品和其他产品，既向客户提供了更多的商品，又以其多样化选择和商品信息吸引众多消费者前来购物，同时自己又不增加额外的库存风险，可谓一举多得。这些有效的开源节流措施是亚马逊低价促销成功的重要保证。

　　京东(JD.com)是中国最大的自营式电商企业，2015年第一季度在中国自营式B2C电商市场的占有率为56.3%。目前，京东集团旗下设有京东商城、京东金融、拍拍网、京东智能、O2O及海外事业部。2014年5月，京东在美国纳斯达克证券交易所正式挂牌上市（股票代码：JD），是中国第一个成功赴美上市的大型综合型电商平台，与腾讯、百度等中国互联网巨头共同跻身于全球前十大互联网公司排行榜。2014年，京东市场交易额达到2 602亿元，净收入达到1 150亿元，京东创始人刘强东担任京东集团CEO。

　　京东商城首次上线的商品逾5 000种，涉及休闲特产、纯净水、粮油、调味品、啤酒饮料等多个产品品类，这些品类都与消费者日常生活息息相关。与以往打包出售不同，如今在京东商城中一罐可乐、一瓶酱油，消费者都可零买，京东送货到家。加上支持货到付款等服务，真正能帮用户实现购物的"多、快、好、省"。

　　2015年4月15日，京东全球购业务(www.jd.hk)正式上线。据介绍，京东全球购平台首批上线商品超过15万种，品牌数量超过1 200个，商铺超过450家，涵盖母婴用品、食品保健、个护化妆、服装鞋靴、礼品箱包等众多品类。通过全球购，中国用户可以选购日本、韩国、澳大利亚、新西兰等国家和地区的商品（图A-2）。

图A-2　京东全球购网站

　　此前，中国跨境电商主要采用代购的方式，由于这种运作模式本身的局限，导致掺假等问题频频出现。而京东的全球购平台，除了有直接从海外采买的自营模式之外，海外商家还可通过平台模式直接签约入驻"京东全球购"。

　　对于第三方商家商品质量把控问题，京东全球购负责人邱煌表示，从内部来说，京东全球购会对商家进行审查，并且对于货品进行保税仓之类一系列程序的监控，这个工作将由京东在国内的供应链部门负责；另外，京东全球购也在和海外第三方质控公司进行合作，后者将给予京东一系列在质控方面的措施和操作建议。

值得注意的是，京东全球购上线同期，此前在国内几乎销声匿迹的 eBay 出现在京东全球购的合作伙伴名单内，京东与 eBay 合作的"eBay 海外精选"频道同步上线，消费者可以选购到 eBay 上商家的商品。

事实上，作为京东 2015 年五大战略之一，京东集团 CEO 刘强东 2015 年以来对跨境电商表现出愈发重视的态度。2015 年第一季度，刘强东亲率京东代表团赴法国、韩国开拓市场，会见法国、韩国政要，商讨跨境合作，启动了京东"法国馆""韩国馆"。目前京东平台上有数百个法国品牌商品在售，涉及酒饮、母婴、服装、化妆品等品类。同时，在京东平台上，消费者可以更便利地买到喜爱的韩国快时尚、美妆等商品，韩国最大的综合型购物网站 G-market、韩国 LG 集团旗下 LG 生活健康官方旗舰店在京东上线。

京东全球购方面表示，2015 年，该团队还将前往日本、澳大利亚、美国及欧洲多个国家，开通更多的区域特色馆。

（资料来源：百度文库 . http：//wenku.com）

分析：

2014 年，我国跨境电商交易规模为 4.2 万亿元，同比增长 33.3％，到 2016 年我国跨境电商将达 6.5 万亿元，占进出口交易总额的 25％。艾瑞咨询预测，2017 年进口跨境电商规模将达到 1.3 万亿元，未来 3 年复合年均增速为 35％。国内市场对海外商品的需求高涨，让处于起步阶段的进口跨境电商市场成为蓝海。2015 年 6 月底，杭州市公布了"中国（杭州）跨境电子商务综合试验区实施方案"，并亮出"制度创新清单"，惠及跨境电商企业及普通消费者。阿里巴巴、京东、洋码头等 249 家企业，被确定为中国（杭州）跨境电子商务综合试验区首批试点企业。

目前，各电商巨头纷纷入局跨境电商业务。区别于传统意义的海淘代购，目前国内跨境电商正规军在经营模式、平台运作及货物配送方面更加规范化，按照运营模式可划分为跨境 C2C、第三方 B2C、自营 B2C、自营 B2C＋第三方 B2C 以及垂直自营五类。目前进口跨境电商们大部分采取海外直邮与保税进口两种模式，仅交纳行邮税。据全球领先的智能化营销服务机构了解，目前运营进口业务的电商有天猫国际、京东全球购、亚马逊海外购、网易考拉海购、洋码头、聚美优品的聚美极速免税店等。

▶ **1. 亚马逊海外购与京东全球购的竞争**

亚马逊为方便中国消费者而特别推出"海外购"中文海外购物服务，包括服饰、鞋靴、母婴、美妆、玩具、个护健康、户外及运动、电子、家居、厨具等品类，涵盖热销品牌，称其在售商品均 100％来自美国亚马逊，在对顾客的营销诉求点上标榜"纯正海外货、实时国际价、跨境及时到、客服本地化"，充分利用了其全球商品采购及配送网络优势（图 A-3）。

图 A-3　亚马逊海外购

京东全球购自营旗舰店推出特色"国家馆"，让用户可以根据全球区域国家喜好挑选产品，把"正品保证、全球直供、售后无忧、总有新奇"作为打动客户的营销诉求点（图 A-4）。

图 A-4　京东全球购国家特色馆

▶ 2. 亚马逊 VS 京东：日常价格促销推广邮件

亚马逊具有完善的全球电子邮件营销体系，在国内和国外都非常注重邮件营销，其邮件营销涉及日常促销推广、售后服务、顾客消费体验改善等客户销售过程，并且基于客户、数据、渠道之间的大数据营销应用也使其走在了精准个性化营销的前沿。

京东一直向用户发送产品、促销优惠以及服务的电子邮件，经过多年营销积累，也开始尝试根据用户的购物、浏览习惯向用户个性化推荐可能感兴趣的商品邮件，并通过在电子邮件中提供高价值商品为用户营造惊喜，以提升邮件营销用户体验，让电子邮件成为与用户长期沟通的渠道。

▶ 3. 亚马逊 VS 京东：巧妙创意专题邮件

邮件营销的创意包装是考验营销人员功力的最好证明。在日常邮件营销中，围绕产品服务，利用节日、文化、热点突发事件等资源因素巧妙借力和整合，创建激发用户需求、吸引用户眼球的电子邮件，可以为电子邮件时不时带来一些井喷的效果，成为全年营销中的亮点。亚马逊的全球尖货 TOP 榜专题邮件、京东的情人节定制鲜花专题邮件，都是很好的创意思路。

随着全球购的商品越来越丰富，网民们足不出户便可购买全球正品大牌，奢侈品变得更加亲民。有资料表明，自从开通海外代购服务以来，无论京东还是亚马逊，成交量均得到了很大的提升。全球购壮大了代购行业的市场，也使代购市场的体系日趋完备。

附　录　B　生鲜电商的网络营销

天天果园：http://www.fruitday.com

天天果园是一家基于互联网技术的现代鲜果服务供应商，提供高品质鲜果产品和个性化鲜果服务（图 B-1）。天天果园网站，成立于 2009 年 4 月 1 日，其前身为传统水果商，有 30 年食品行业经验；精选全球鲜果美食，搭建从产地到消费者之间的直供平台，自建冷库，冷链物流；便利宅送，全年无休；主营中高端水果产品，包括进口鲜果和国内优质鲜果。

天天果园拥有网站订购、电话订购、电视购物（东方CJ）、企业直供（大客户定制）和实体服务点等多元供应渠道。团体大客户可享受量身定制产品的服务。

天天果园的愿望是，让客户享受到真正健康、美味的世界鲜果和管家式体贴放心的服务。

图 B-1　天天果园网站

本来生活：http：//www. benlai. com

本来生活网站从国内优质食品供应基地、国外优质食品供应商中精挑细选，剔除中间环节，提供冷链配送、食材食品直送到家服务（图 B-2）。网站提供的产品包括健康安全的蔬菜水果、肉禽蛋奶、米面粮油、母婴童、熟食面点，具有深厚积淀和历史传承的优质原产地食品，拥有品质保障的进口食品等。

在对食品安全满怀恐惧的今天，人们普遍说得太多，做得太少，而本来生活的想法很简单，就是想让自己的亲人不用忧虑，朋友不用担心，从此可以像吃饭一样地吃饭。本来生活网站的目标是建设优质食品生态链，成为专业的优质食品提供者。

2012 年本来生活网站于北京起航，致力于大家共同行动，力所能及地保证中国食品安全。

图 B-2　本来生活网站

甫田新闻网：http：//www. fieldschina. com/

甫田网于 2009 年成立于上海，是一家致力于提供安全、健康、高端食品的电子商务公司，由美籍有机农业种植专家创办，有着成熟的生鲜和干货产品供应链，并自建仓储和物流系统。其目的是为消费者提供安全、健康、美味的食物及食材，推广及销售各种天然、有机产品。甫田网所售商品主要有安心乳品、母婴护理、西点面包、大厨熟食、田园时蔬、精选肉类、海鲜鱼类、新鲜水果、精选美酒、咖啡饮料、零食调料、礼品及预售卡等，其经营具有安全、高品质、美味、当天新鲜到达、客户服务等特色，支持货到付款、支付宝等多种付款方式。

图 B-3　甫田网

爱鲜蜂：http：//weixin. beequick. cn

爱鲜蜂是以众包微物流配送为核心模式，基于移动终端定位的技术解决方案提供 O2O 运营服务的公司爱鲜蜂定位为"掌上一小时速达便利店"，专为各种"懒人"服务，主打"新鲜美食，闪电送达"(图 B-4)。用户定位爱鲜蜂的主要用户定位为年轻白领人群。

爱鲜蜂的"鲜"强调食品的新鲜以及多样性，"蜂"则表示配送人员的数量多、速度快，而主打情感沟通的"爱"则是满足用户"即时消费需求"，让用户突然冒出来的消费意愿在最快时间获得满足。

爱鲜蜂平台产品以生鲜为主，各种产地直采水果、各式海产鲜食、各类酒水饮料、各地特色卤味，以及麻辣小龙虾、哈根达斯、星巴克等产品，还有生活必需品，如副食调料、电池、牙膏、蚊香、避孕套、卫生巾等。

图 B-4　爱鲜蜂平台

豆果美食：http：//www. douguo. com/

豆果美食网是国内首家发现、分享、交流美食的互动平台，目前已经发展成为国内外华人较为领先的美食互动社区网络。该网站打造在线厨艺交流、美食分享平台，提供国内免费手机美食菜谱、生活资讯应用软件(图 B-5)。

"豆果美食"是豆果网精心"烹调"的菜谱应用，为用户提供数十万道菜谱，最流行的热门推荐、最贴心的时令食材、最懂用户的"猜你喜欢"等，更有最活跃的美食交流社区，让用户随时随地进入美味生活；一键收藏、一键加入购物单、个人账号数据云端同步让用户更便捷地享受美食之旅。豆果美食致力于打造最受欢迎的中文美食菜谱应用，最大的美食兴趣社区。

这是一款强大的美食应用软件，它将美食菜谱、社区互动、美食画报、云计算数据存储整合为一体，囊括超过 10 万道菜谱，内容包含八大菜系、西餐、小吃、饮品、烘焙、海鲜、料理等。只有你想不到，没有你找不到！它还集成了一键分享功能，可以实时与好友分享精美内容，或分享到主流的微博账号，参与评论互动，让移动的美食动起来。

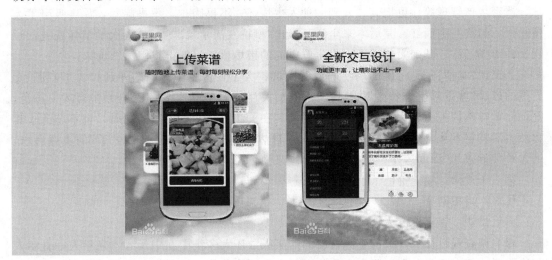

图 B-5 豆果美食平台

（资料来源：百度文库.http://wenku.com）

分析：

近年来，生鲜电商一直被誉为"电商发展的最后一片蓝海"，众多资本纷纷进入生鲜电商行业，或是投资生鲜电商项目，或是关注冷链物流配送。而生鲜电商品牌也深受冷链配送困难、食材产品同质化严重、价格促销战惨烈等行业性难题困扰。

生鲜电商的经营方向有以下几个。

第一个方向：品类垂直方向

代表：天天果园

典型做法：凸显农产品品类大集合

生鲜电商做垂直有优秀的"先决条件"，其拥有强大的农产品资源和较好的食材集合；做"品类垂直"的生鲜电商，可以选择最优秀的品类，做大产品、大集合，如"天天果园"选取世界级的水果，和国内外产地建立长期的合作关系，举办"美国水果节"，保证了品类的大集合、大会聚等，提供给客户一站式的"水果享受"；品类垂直也可以选择"多品类的组合"，基于同一消费场景，如家庭、办公室等精选各类生鲜产品，统一提供给用户，如"办公室美食套餐""家庭美食套餐"等。

生鲜垂直电商和其他生鲜电商最大的区别在于，其是产品最大集合、消费场景最大集合，将"生鲜产品消费"贯穿于生鲜用户消费的全过程，与之相对应，其产品内容就要求更全面、更精深、更透彻。如"天天果园"，其对每一个水果的产地、来源、故事等讲解极为详尽，更选取不同种类的苹果进行纵向对比，围绕水果做精深的商品内容展示，"水果控"

社区强化用户互动，更在微信、微博等方面刊载多样化产品内容，以广泛引发用户共鸣。

第二个方向：自然生活情怀

代表：本来生活

典型做法：卖情怀而非单产品

既然是彰显生活方式，生鲜电商所卖的产品自然就成了一种生活介质，此种产品就成为一种用户消费的情怀，跨越了产品本身，其成为一种象征。如本来生活在选择生活方式产品方面极具慧眼，选择了褚时健先生的橙子，称为"褚橙"，不仅仅谈"褚橙"的自然、原味、严密生产管理等，更把其提升到一种人生情怀，不畏困难，不畏起落，深度吸引了大量粉丝，最终一炮而红。其后本来生活又推出"柳桃""潘苹果"等，一次次的情怀洗礼，一次次的市场运作，其确实创造了不少生鲜电商的市场盛举，值得我们深思玩味。

如果说"卖情怀"是将生鲜用户的消费人群扩大了，将生鲜产品的外延扩大了，那"卖自然的产品"就是对生鲜特性的回归，其更加关注生鲜产品本身，更加关注自然的特色，更加注重自然情趣的表达。如本来生活网，其在关注人物励志故事的同时，也不忘诉求其自然生活特色，从自然产品特性的描述，到自然情趣的内容，到"自然生活"的主题诉求，通过种种诉求的"深度运作"，自然情趣和本来情怀相互映衬、犄角互动。

第三个方向：锁定价值人群

代表：甫田网

典型做法：锁定价值人群做突破

相关调查资料显示，目前生鲜食材的购买人数还大多集中在中年人、老年人，青年人网络购买比例在逐步上升，而大众化的食材必会面临着菜市场、便利店等社区小店的冲击和挤压，特色化生鲜食材就成为生鲜电商发展的一大方向。如甫田网，其锁定中高端白领及在华外国人，提供中高端特色食材，追求安全、健康和高端食品，高端食材及产品需求成为其市场制胜的法宝。

锁定"价值人群"就是要在高处做文章，要在特色处做文章；生鲜电商需要在关注中高端生鲜消费人群的同时，关注其专注的特色食材需求，提供一站式、集合式、定制式服务。如甫田网，其不但提供英文版、日文版、韩文版等网站内容，更提供各种套餐、礼品卡等，设置"至醇汤品""健康色拉"等食谱指导用户烹饪，深受用户欢迎。

第四个方向：社区生活

代表：爱鲜蜂

典型做法：专注社区服务

生鲜电商作为生活服务类电商的一部分，其深具生鲜商品提供、烹饪服务指导等服务功能，其重点消费人群集中在社区，并日渐成为社区生活服务的一部分。生鲜电商可以成为社区生活服务的有益组成部分，同时在专注生鲜产品配送的同时可以带入其他产品销售。如"爱鲜蜂"除了销售小龙虾、酸奶、星巴克、便当、冰淇淋、卤味小吃等生鲜产品外，还销售香烟、蚊香等生活急需用品，立足社区生活用品做文章，更和线下便利店、小超市经营等相结合。

生鲜电商的物流配送一直是个行业性难题，不但生鲜产品冷链物流配送难，用户要货普遍比较急、要求配送快捷等现象更是突出，这对生鲜物流配送提出了更高的要求，生鲜电商需要在配送频次、配送产品等方面强化众包式物流，更多地和社区便利店、小超市等合作，采用社会力量进行配送。如爱鲜蜂，其一方面广泛吸引社区小商家进行合作，提供更快、更好的社区配送；另一方面做线下配送服务，为店主们提供配送车、服装、包装袋等更规范化的配送服务，众包式配送大有可为。

第五个方向：内容导向

代表：豆果美食

典型做法：聚焦美食内容

生鲜电商做的是食材，提供的是烹饪指导及现场烹饪服务，其对内容需求是全方位的，既包括食材选择、产地介绍、品牌介绍等内容，又包括菜品烹制、菜谱构建、现场烹饪等服务；生鲜电商需要呈现更好的精致食材描述、更细致的美食烹饪指导过程、更高频次的美食内容，来传递生鲜电商品牌价值。如"豆果美食"是国内领先的美食电商，其有丰富的内容设置，不但囊括食谱、菜系等美食内容，更提供食材、烹饪指导等多层次服务，内容丰富，极具实用性。

做生鲜其实就是做社区，虽然目前生鲜电商大多处于"商品交易驱动"时代，但其最终会发展到"美食社区"主导的时代，美食客的讨论、互动等深度参与必会极大地提升生鲜电商的社区经营水平，同时增加其生鲜食材销售额。如"豆果美食"不但在网络上设有微社区，更在线下开展美食交流活动、大厨烹饪指导活动等，推动用户间的充分互动，激发用户积极性。

目前美食内容比较强的电商大多是美食电商，不是单纯的生鲜电商；美食社区电商不但有美食内容，而且有社区资源和用户黏性，而单纯的生鲜电商商品完善、类目完整，这需要两者紧密结合起来。美食内容商通过生鲜电商变现，生鲜电商强化内容经营提升用户黏性。如"豆果美食"已经开通了"优食汇"频道，将原有的美食内容和生鲜电商运作结合起来，通过持续的美食内容创新提升用户黏性，通过"优食汇"推动电商销售。同时"优食汇"以美食套餐进行销售，提供的不再是单一食材，而是集食材、调料、厨具等于一体的厨房美食解决方案，一步到位，充分满足用户厨房美食烹制需求。

2005年"双11"淘宝天猫聚划算在生鲜方面最大的动作是阿拉斯加海鲜预售。活动更是拉来了美国农贸部为其吆喝，主打产品是阿拉斯加鳕鱼和帝王蟹，由阿拉斯加老美渔民为您捕捞。产品有噱头，品质有保障，政府有支持，为这次活动夯实了基础。活动的运营由两家经营海鲜的天猫店铺负责，它们是有多年水产海鲜经营经验的进口商和渠道商。这次活动取得了不俗的战绩，销售鳕鱼的店家创造了270万元的销售额，而且在完成发货后，店铺的评分依然保持4.8的高分。成功的案例离不开可靠的质量。"双11"的高端进口海产品有海关背书，品质也有保障。

但生鲜电商若要形成持续销售，质量关是一道必须得过的坎。

附　录　C　微信营销——星巴克

星巴克(Starbucks)是美国的一家连锁咖啡公司，1971年成立，其总部坐落于美国华盛顿州西雅图市(图C-1)。星巴克旗下零售产品包括30多款全球顶级的咖啡豆、手工制作的浓缩咖啡和多款咖啡冷热饮料、新鲜美味的各式糕点食品，以及丰富多样的咖啡机、咖啡杯等商品。星巴克在全球范围内已经有近 21 300 家分店，遍布北美洲、南美洲、欧洲、中东及太平洋地区。长期以来，星巴克公司一直致力于向顾客提供最优质的咖啡和服务，营造独特的"星巴克体验"，让全球各地的星巴克店成为人们除了工作场所和生活居所之外温馨舒适的"第三生活空间"。与此同时，公司不断地通过各种体现企业社会责任的活动回馈社会，改善环境，回报合作伙伴和咖啡产区农民。鉴于星巴克独特的企业文化和理念，公司连续多年被美国《财富》杂志评为"最受尊敬的企业"。

图 C-1　西班牙星巴克 10 年庆 LOGO

星巴克的价格定位是"多数人承担得起的奢侈品"，消费者定位是"白领阶层"。星巴克的顾客大部分是高级知识分子，爱好精品、美食和艺术，而且是收入较高、忠诚度极高的消费阶层。星巴克以"攻心战略"来感动顾客，培养顾客的忠诚度。

为了保证品质，星巴克坚守四大原则：拒绝加盟，星巴克不相信加盟业主会做好品质管理；拒绝贩售人工调味咖啡豆，星巴克不屑以化学香精来污染顶级咖啡豆；拒绝进军超市，星巴克不忍将新鲜咖啡豆倒进超市塑胶容器内任其变质走味；选购最高级咖啡豆，做最完美烘焙的目标永远不变。

另外，星巴克与 PayPal 合作，是全球第一家使用 PayPal 的商家。

（资料来源：百度文库 . http：//wenku. com）

分析：

星巴克认识到网络连接已经成为"卖点"，那些提供卓越的互联网体验的品牌可获得丰厚的回报。作为免费的无线 ISP（互联网服务提供商），星巴克还为主要通过应用和社交媒体联系的这一代人提供了社交中心。

星巴克采用音乐推送微信，把微信做得有创意，微信就会有生命力。微信的功能已经强大到我们目不忍视，除了回复关键词还有回复表情的。

星巴克音乐营销直接刺激你的听觉，通过搜索星巴克微信账号或者扫描二维码，用户可以发送表情图片来表达此时的心情，星巴克微信则根据不同的表情图片选择《自然醒》专辑中的相关音乐给予回应（图 C-2）。

用表情说话正是星巴克的卖点所在。目前星巴克微信注册用户 4.5 亿，平均每天增加 90 万新用户。微信用户和活跃度增加依赖于三个关键功能：语音对讲、查看附近的人和摇一摇。

超过 70％的用户通过手机通信录添加好友，将线下社交移到移动互联网上来。用户添加"星巴克"为好友后，用微信表情表达心情，星巴克就会根据用户发送心情，用《自然醒》专辑中的音乐回应用户。

图 C-2　星巴克的《自然醒》专辑

在微信公众平台的运营当中，星巴克堪称是最成功的典范，它用微信以及线下的上千家门店来完成了大量的品牌与用户的互动，当中很多项目通过关注星巴克的微信账号并分享自己当天的心情，再由星巴克微信账号从专辑当中挑选出最适合用户心情的一首歌来回应给用户。

星巴克充分利用了点对点传播的优势，将自己的促销优惠活动有针对性地推送到用户手机端，当中加入的很多互动元素也得到很好的反馈。比如春节期间星巴克通过微信分享当日的点单优惠，线下门店也完全同步配合，极为出色的执行力成就了线上线下的搭配互动，最终让用户在趣味中得到了方便和优惠。

附　录　D　网络营销之创意为王

GXG. JEANS 的悬念营销

2014 年"双 11"最大胆的当属 GXG. JEANS，打出了"下雨就免单，湿身就脱单"的营销方式，其发起的"'双 11'下雨就免单"的活动悬念十足，敢于和老天对赌，可谓"其乐无穷"（图 D-1）。该活动先是抛出悬念，微博大 V 晒伞，宣称"双 11"下雨就免单；然后GXG. JEANS 官方微博进一步跟进，放出狠话要和老天对赌；接下来活动进入高潮，时尚大片上线，潮男纷纷祈求老天下雨；最终悬念揭晓，GXG1978 旗舰店活动公布，即是"'双 11'下雨就免单"。

图 D-1　GXG. JEANS"双 11"营销创意

整个活动节奏紧凑，环环相扣，仅一周的时间，"'双11'下雨就免单"的话题声量就接近4 000万，并得到几十家媒体的跟进报道。GXG.JEANS的创意营销既吊足了胃口，又给到了实惠。

小猪班纳：送礼就送不一样的

"双11"，五花八门的促销和各种所谓"豪礼"已经叫人麻木，到底送什么才能有新意呢？送猪！童装品牌小猪班纳的创意真叫人大跌眼镜。

小猪班纳不仅准备了24头可爱的宠物猪，还准备了50台Iphone6来迎战"双11"。"双11"当天每隔1个小时就抽奖一次，可谓是"肉猪金猪连环送"。宠物猪不但受孩子们喜欢，更受年轻妈妈的青睐，再加上"肾6"的终极诱惑，小猪班纳将传统的抽奖促销变得有趣起来，一下子引起社交媒体的关注，极具传播力（图D-2）。

图D-2　小猪班纳的"双11"营销创意

（资料来源：百度文库．http：//wenku.com）

分析： 在任何一次网络营销推广之初，首先要做的是构思，也就是思考你要营销一个什么样的产品或理论，你如何让这个理论在网络上完美地体现出来。策略、创意、运营系统是网络营销的三大核心要素。

营销的创新可能伴随着各种应用产品的出现的，如移动网络、SNS、微博和微信等。近年来网络营销可谓大放光芒，对企业来说是新的营销手段的尝试，但真正能抓住网民的兴趣和眼球的是那些有意思的、充满创意的营销活动。

因此，创意依然是决定网络营销制胜的关键。

网络营销最难沟通的目标消费群是网民，因为他们使用互联网的习惯是只挑选对自己有用的资讯，很容易就会把广告的信息过滤掉。这种情况下，一切传统形式的广告对于他们来说都是不起作用的。如果形式老套，弹出来的广告、蹦出来的信息只会招来反感和上网者的咒骂，如果网民连最起码的点击都不愿意，内容再好都是空谈。互动和娱乐构成了网络营销独一无二的优势，通过创意，网民可以充分体验产品带来的全新感受，避免传统广告的强制性所带给人们的厌恶感。

因此，网络营销对创意提出了更高的要求，因为要让网民参与进来不是一件容易的事，创意起到一个关键因素。形式创新、内容创意才能做到抓住眼球达到真正传递广告信息的目的，创意在这场营销变革中必将与消费者、与网民走得更近，互动性更强，参与度更高。

　　无论是 GXG. JEANS，还是小猪班纳，在营销的创意上，打破常规的哲学，具有敏锐的社会洞察力。营销策划者必须具备对市场的洞察、对消费者的洞察、对人性最深层次的洞察。洞察产生了洞见，你洞见了消费者需求、洞见启动心灵的按钮，那你就洞见了财富之门。

附录 E　网络营销的逆向思维——"吃垮必胜客"为何吃而不垮？

　　全球餐饮集团百胜下的必胜客(图 E-1)有一款自助沙拉，点了这款沙拉后，必胜客会给你一个碗，只允许盛一次，你能盛多少就盛多少。盛沙拉的碗并不大，很浅，简单地装沙拉装不了多少。所以，如何让自己的钱花得最划算，尽可能用那只可怜的小碗装满你喜好的沙拉，也就成了一门有趣的技能。

图 E-1　必胜客的 LOGO

　　为了吸引更多的人来吃必胜客，台湾必胜客策划了一场名为"吃垮必胜客"的网络营销活动。

　　在一个题目叫作"吃垮必胜客"的邮件中，传授了盛取自助沙拉的好办法，巧妙地利用胡萝卜条、黄瓜片跟菠萝块搭建更宽的碗边，能够堆到 15 层沙拉，同时还配有照片(图 E-2)。很多收到邮件的网友都在第一时间把邮件发给自己身边的亲友或同事，并相约去必胜客一试身手。

图 E-2　必胜客的自助沙拉

有一位网友这样在网上留言："我当时立刻把邮件转发给我爱人了，并约好了去必胜客一试本领。到了必胜客我们要了一份自助沙拉，并立即开始按照邮件里介绍的方法盛取沙拉。努力了几次，终于发现盛沙拉用的夹子太大，做不了那么精巧的搭建工艺，最多也就搭两三层，不可能搭到 15 层。"而到必胜客试过本事，并且真的装满更多层沙拉的热忱网友，会在网上发帖，介绍自己"吃垮必胜客"的成功经验。甚至有网友从建造学角度，用 11 个步骤来论述如何吃垮必胜客。然而，必胜客却通过一个个消费者的勾引，以及网友自发地在网上传递，不但没有被"吃垮"，利润反而大大地提升了。

（资料来源：百度文库．http：//wenku.com）

分析：

逆向思维是指从事物的反面去思考问题的思维方法，这种方法常常使问题获得创造性的解决。对于做营销的人来说，一再强调的必然是如何使消费者购买你的产品和服务、营销活动如何精准定位自己的消费客群。在这样的理念下做出来的活动基本都不会偏离大纲，也就是不会有大的差错。但，不幸的是，这样的营销活动往往很难推陈出新，制造引爆点。有时候，创新就得承担风险，风险越大，收益则越大。

必胜客通过这种精心制作的，从用户的利益出发，利用事物的缺点，将缺点变为可利用的东西，化被动为主动，化不利为有利的营销方式，达到了网络营销的目的。

此次营销，必胜客获益多多，提高了必胜客的曝光率，"吃垮必胜客"的信息像病毒一样迅速蔓延，从而让更多的人知道了必胜客，吸引了众多的目标群体去必胜客体验自助沙拉的技巧。这种完全站在消费者角度，帮助消费者赢得更多的利益的信息，让更多的目标消费群体失去了免疫力，让他们不仅主动传播信息，还会亲自去体验"吃垮必胜客"，找到吃的兴趣，提升了必胜客品牌的美誉。很多高手堆沙拉并非是因为食量大，而是以"建塔"为乐，消费者从堆沙拉中体会到必胜客的欢乐，无形中也提升了必胜客品牌的美誉。

逆向思维的营销，最难的突破点往往在于企业牌敢不敢承担风险，毕竟大胆的尝试是需要勇气的。必胜客使用这种逆向思维的营销方式给自己带来了丰厚的利润。

参 考 文 献

[1] 瞿彭志. 网络营销[M]. 3版. 北京：高等教育出版社，2009.

[2] 艾露斯·库佩. 网络营销学[M]. 时启亮，译. 上海：上海人民出版社，2002.

[3] 王小栋. 网络营销的秘诀与实例[M]. 北京：中国国际广播出版社，2000.

[4] 王水清. 网络营销实务[M]. 2版. 北京：北京邮电大学出版社，2012.

[5] 李光明. 网络营销[M]. 北京：人民邮电出版社，2014.

[6] 沈周俞. 企业微营销：移动互联网时代，这么营销就对了[M]. 北京：中华工商联合出版社，2014.

[7] 谢刚. 网络营销[M]. 2版. 上海：华东师范大学出版社，2014.

[8] 程虹. 网络营销[M]. 北京：北京大学出版社，2013.

[9] 王永莲，孙菲. 网络营销[M]. 北京：北京理工大学出版社，2010.

[10] 刘喜敏，马朝阳. 网络营销[M]. 3版. 大连：大连理工大学出版社，2009.

[11] 胡启亮. 电子商务与网络营销[M]. 北京：机械工业出版社，2009.

[12] 王宏伟. 网络营销[M]. 北京：北京大学出版社，2010.

[13] 童红斌. 电子商务网站推广[M]. 北京：电子工业出版社，2012.

[14] 李先国，曹献存. 客户服务实务[M]. 2版. 北京：清华大学出版社，2011.

[15] 程淑丽. 客服人员超级口才训练[M]. 北京：人民邮电出版社，2010.

[16] Graham Roberts-Phelps. 客户服务培训游戏[M]. 派力，译. 北京：企业管理出版社，2011.

[17] 方玲玉. 网络营销实务：项目教程[M]. 北京：北京电子工业出版社，2010.

[18] 彭欣，吴肖云. 电子商务实用教程[M]. 2版. 北京：人民邮电出版社，2010.

[19] 中国互联网协会网络营销培训网站. http://www.bodao.org.cn.

[20] 上海火速网络信息技术公司网站. http://www.hotsales.net/.

[21] 北京博导前程信息技术有限公司网站. http://www.bjbodao.com/.

[22] 中国电子商务研究中心网站. http://www.100ec.cn.

[23] 百度统计帮助中心栏目. http://tongji.baidu.com.

[24] 百度推广帮助中心栏目. http://e.baidu.com/help.

[25] 合肥柒帮科技. http://www.055178.com.

[26] 百度文库. http://wenku.com.

市场营销学（第六版）

本书特色

"互联网＋"教材，本科适用，篇幅合理，结构新颖，名师佳作，广受好评。

教辅材料

教学大纲、课件

书号：9787302489832
作者：吴健安 钟育赣 胡其辉
定价：49.00 元
出版日期：2018.1

任课教师免费申请

市场营销学（应用型本科版）

本书特色

应用型本科和高职适用，篇幅合理，结构新颖，名师佳作，广受好评。

教辅材料

教学大纲、课件

书号：9787302407010
作者：吴健安 钟育赣 胡其辉
定价：35.00 元
出版日期：2015.9

任课教师免费申请

市场营销原理（第15版）（中文版）

本书特色

营销大师菲利普·科特勒的经典教材，课件齐全，译文流畅。

教辅材料

课件

书号：9787302520719
作者：[美] 菲利普·科特勒　加里·阿姆斯特朗 著，郭国庆 译
定价：75.00 元
出版日期：2019.4

任课教师免费申请

市场营销原理（第17版）（英文版）

本书特色

"互联网＋"教材、营销大师菲利普·科特勒的经典教材。英文影印，原汁原味，课件齐全。

教辅材料

教师手册、课件、试题库

书号：9787302576211
作者：[美] 菲利普·科特勒 加里·阿姆斯特朗
定价：89.00 元
出版日期：2021.5

任课教师免费申请

市场营销－大数据背景下的营销决策与管理（第二版）

本书特色

新形态教材，全新改版，实践性强，内容丰富，案例新颖，篇幅适中，结构合理，课件完备，便于教学。

教辅材料

教学大纲、课件

获奖信息

北京市优质本科教材课件

书号：9787302541387
作者：孔锐 高孝伟 韩丽红 陈黎琴 冯天天
定价：55.00 元
出版日期：2020.1

任课教师免费申请

市场营销学

本书特色

新形态教材，实践性强，体系完善，配套中英文 PPT、习题集、讲义，案例教学，配有慕课。

教辅材料

教学大纲、课件

获奖信息

2020 年江苏省高等学校重点教材立项建设项目、国家自然科学基金重点项目资金资助。

书号：9787302557647
作者：滕乐法 李峰 吴媛媛 马振峰
定价：59.80 元
出版日期：2020.9

任课教师免费申请

◦ 市场营销 ◦

营销管理（精要版 · 第 6 版）

本书特色

营销大师菲利普·科特勒的经典教材《营销管理》的浓缩精华版，由著名营销学者王永贵教授主持翻译。

教辅材料

教学大纲、课件

书号：9787302454793
作者：菲利普·科特勒 等 著，王永贵 华迎 译
定价：45.00 元
出版日期：2017.1

任课教师免费申请

全球化商业环境下的营销管理（双语版）

本书特色

营销管理双语版畅销教材，中英对照，案例配套资源丰富。

教辅材料

课件

书号：9787302476672
作者：李慧 李敬强 王克稳 李辉
定价：49.00 元
出版日期：2017.8

任课教师免费申请

高级品牌管理（第二版）

本书特色

名师佳作，新形态经典教材、全新改版，案例丰富，课件齐全。

教辅材料

教学大纲、课件、模拟试卷、案例分析思路

书号：9787302570363
作者：王海忠
定价：118.00 元
出版日期：2020.12

任课教师免费申请

品牌管理（第二版）

本书特色

畅销教材，全新改版，结构合理，案例丰富，课件齐全，新形态＋课程思政特色。

教辅材料

教学大纲、课件、模拟试卷、案例分析思路

书号：9787302570356
作者：王海忠
定价：69.00 元
出版日期：2020.12

任课教师免费申请

营销策划——方法、实务与技能

本书特色

作者充分运用在长期营销策划教学及管理咨询实践中取得的一手教学素材及企业案例，有机融合多年来在市场营销领域取得的相关科研成果，教材内容更具前瞻性、科学性、系统性和实用性。全书深入浅出、案例丰富、贴近实际，研究指导性强。

教辅材料

课件

书号：9787302537465
作者：姜岩
定价：52.00 元
出版日期：2020.7

任课教师免费申请

广告理论与实务

本书特色

应用型本科教材，案例新颖，教辅资源丰富，课件齐全。

教辅材料

课件

书号：9787302522836
作者：曾凡海
定价：59.00 元
出版日期：2020.4

任课教师免费申请

市场调查与预测（第2版）

本书特色
强化应用性和技能训练，突出案例教学。

教辅材料
课件

书号：9787302572497
作者：王秀娥 夏冬
定价：49.80 元
出版日期：2021.1

营销渠道管理（第二版）

本书特色
名师佳作，畅销多年，中国高等院校市场学研究会指定教材，新形态教材，课程思政特色，教辅齐全。

教辅材料
教学大纲、习题答案、PPT

书号：9787302555933
作者：张闯
定价：42.00 元
出版日期：2020.8

推销与谈判技巧

本书特色
30 年教学经验，应用型本科，案例丰富新颖，习题充足，教辅资源丰富。

教辅材料
教学大纲、课件

书号：9787302522881
作者：黄聚河
定价：39.80 元
出版日期：2020.6

客户关系管理（第2版）

本书特色
在理论与实践结合的基础上，介绍了客户关系管理信息概念，描述了顾客知识管理，探讨了客户知识管理的不同方法和工具，以及客户关系管理的发展趋势。

教辅材料
课件、习题、大纲

获奖信息
"十一五"普通高等教育本科国家级规划教材

书号：9787302561880
作者：王永贵 马双
定价：59.00 元
出版日期：2021.1

客户关系管理

本书特色
"互联网＋"教材，中央财经大学老师编著，篇幅适中，便于教学。

教辅材料
教学大纲、习题答案、课件

书号：9787302570370
作者：苗月新
定价：39.00 元
出版日期：2021.1

国际市场营销学（第四版）

本书特色
国家级规划教材，全新改版，结构合理，案例丰富，课件齐全，新形态＋课程思政特色。

教辅材料
教学大纲、课件、习题答案、案例分析思路

获奖信息
"十二五"普通高等教育本科国家级规划教材

书号：9787302571032
作者：闫国庆
定价：69.00 元
出版日期：2021.2

公共关系实务（第 14 版）

本书特色

具有极强的实践性，教辅资源丰富，并配有英文影印版。

教辅材料

中英文课件、教师手册、习题库

书号：9787302553038
作者：[美] 弗雷泽·P. 西泰尔著，张晓云译
定价：65.00 元
出版日期：2020.6

任课教师免费申请

体育市场营销

本书特色

将营销理论与体育产业实践紧密结合，案例丰富，以体育产业案例为主，与国际接轨，提供课件。

教辅材料

课件

书号：9787302489573
作者：吴盼 [英]保罗·布莱基
定价：39.00 元
出版日期：2020.7

任课教师免费申请

金融营销学

本书特色

新形态教材，应用性强，篇幅适中，结构合理，课件完备，便于教学。

教辅材料

教学大纲、课件

书号：9787302550440
作者：刘磊
定价：39.00 元
出版日期：2020.4

任课教师免费申请

全球营销（第 3 版）

本书特色

"互联网＋"教材、经典教材，名师佳作，多次印刷，适合高校及企业学习。

教辅材料

教学大纲、课件、习题答案、试题库、模拟试卷、案例解析

书号：9787302465706
作者：KATE GILLESPIE 著，叶文锦 译
定价：68.00 元
出版日期：2018.1

任课教师免费申请

营销管理

本书特色

"互联网＋"教材，内容全面、结构合理、教辅丰富、方便教学。

教辅材料

教学大纲、课件、习题答案、试题库、案例解析、其他素材

书号：9787302562832
作者：李桂华　卢宏亮
定价：59.80 元
出版日期：2020.10

任课教师免费申请

市场营销学

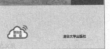

本书特色

"互联网＋"教材、江苏省精品课程，视频、习题、案例等教辅资源丰富。

教辅材料

教学大纲、课件、习题答案、试题库、模拟试卷、案例解析

书号：9787302549413
作者：焦胜利　朱李明　刘宇伟　等
定价：59.80 元
出版日期：2021.2

任课教师免费申请

数据库营销 - 顾客分析与管理

本书特色

"互联网+"教材、全球最经典的数据库营销教材，案例丰富，实践性强，便于教学。

教辅材料

教学大纲、课件、习题答案、试题库、模拟试卷、案例解析

书号：9787302513704
作者：[美]罗伯特·C.布来伯格 等 著 李季 等 译
定价：98.00元
出版日期：2018.10

任课教师免费申请